LAROUSSE

GRANDES CHEFS MEXICANOS

Celebrando nuestras raíces

Dirección editorial — Tomás García Cerezo

Editora responsable — Verónica Rico Mar

Coordinación general y textos biográficos — Claudio Poblete Ritschel

Coordinación de contenidos — Gustavo Romero Ramírez

Asistencia editorial — Mayra Pérez Cuautle
Miguel Guzmán Pérez

Fotografía — Fernando Gómez Carbajal

Asistentes de fotografía — Jéssica Fernández López
Daniela Estrada Barrientos
Diana González Cantú
Jorge Herrera Buzzolini

Diseño y formación — Quinta del Agua Ediciones, S.A. de C.V.

Corrección de pruebas — Tomás Adolfo López Sánchez

Apoyo en coordinación logística — Mildred Alina Daniel Guillén
Carlos Loyo Garrido
Gabriela Morales Vélez

Diseño de portada — Nice Montaño Kunze

Fotografía complementaria — Reproducción autorizada por el Instituto Nacional de Antropología e Historia.
Secretaría de Cultura.- INAH. SINAFO.- MÉX.: © p. 15: (arr.); p 16: (arr.) 87986;
p. 17: (centro) 525852; p. 18: (centro) 121769; p. 19: (centro) 468355;
p. 20: (centro) 2419; p. 21: (centro) 161808; p. 23: (arr.) 465092 y (ab.) 14465;
p. 24: (arr.) 465092. p. 25: 120063.
Comisión Nacional para el Desarrollo de los Pueblos Indígenas: CDI, Fototeca Nacho
López / Roberto López Márquez p. 21: (arr.).
© Shutterstock.com, pp. 2, 3.

**Agradecemos el patrocinio de Mundo Epicúreo HSBC Premier México, Colegio Superior de Gastronomía,
Culinaria Mexicana, L'Bistrot Chef Collection by Clinik, Hotel Carlota en la Ciudad de México,
Maestro ceramista Adán Paredes, S. Pellegrino®, Agua Sta. María y Nespresso®.**

LAROUSSE
GRANDES CHEFS
MEXICANOS

CELEBRANDO NUESTRAS RAÍCES

LAROUSSE

México:
muchas cocinas, muchas raíces

En Larousse México estamos comprometidos en editar y publicar contenidos de la culinaria del país. Convencidos de que la cocina posee un gran valor como manifestación cultural, hemos difundido el tema en forma de libros prácticos y de referencia, manuales didácticos, aplicaciones y productos digitales, así como en el portal electrónico laroussecocina.mx, por mencionar algunos formatos. Actualmente, nuestro fondo culinario es uno de los más diversos en México y ha permeado al público infantil, juvenil y adulto.

En este compromiso que hemos creado con nuestros lectores, nos propusimos dar vida a una obra que combinara armónicamente el pasado con el presente de la cocina, a la vez que celebrara esta relación vigente en todos los fogones y mesas del país. Elegimos como pilar de este proyecto las raíces de las cocinas en México, pues ¿qué mejor homenaje a lo que comemos que valorar su matriz creadora? En este punto es pertinente enlistar algunos de los elementos que al abrigo de la cocina se dan cita a la mesa, con el fin de otorgarles su justo lugar: los ingredientes y la tierra que los hace crecer; la gente que los produce y distribuye; las técnicas y procedimientos culinarios; los utensilios, y las formas en las cuales la gente sirve y degusta los alimentos, amén de los significados que se les ha imprimido a estos componentes a través del tiempo. Otro motivo que nos impulsó en este proyecto es la convicción de que la sinergia entre la tradición y la vanguardia siempre es fecunda, y al dinamizarlas en cualquier ámbito, donde la cocina no es la excepción, el verdadero reto es saber combinar equilibradamente sus fortalezas, objetivo que consideramos se cumplió con creces en este libro.

Larousse conjuntó esfuerzos en esta empresa con Claudio Poblete, director de Grupo Culinaria Mexicana. Él fue nuestro enlace con los chefs, así como el redactor de sus biografías. Sin su coordinación, apoyo y entusiasmo, este libro no habría sido posible. Para la elaboración y fotografía de recetas, así como la toma de portada y retratos de los chefs, se tuvo que hacer, literalmente, hasta lo imposible por reunir tres días en la Ciudad de México a todos los involucrados procedentes de distintas partes del país. Para lograr las espléndidas fotografías del libro, Fernando Gómez realizó una intensa labor durante tres días al activar el disparador de su cámara centenares de veces en las nopaleras de Milpa Alta y en el set de fotografías de recetas.

Debemos agradecer, ante todo, y, por supuesto, a los talentosos chefs de esta obra, alquimistas culinarios que se sumaron a esta aventura, quienes compartieron su tiempo y sus conocimientos de manera siempre entusiasta.

Celebremos con este libro las raíces culinarias de México de la mano de 22 grandes chefs que han trascendido dentro y fuera del país. Descubra en más de 100 recetas la forma en que cada uno de ellos concibe y representa las raíces de la cocina mexicana de acuerdo con sus historias personales y profesionales y la región que representan: Tabasco, Nayarit, Ciudad de México, Jalisco, Puebla, Quintana Roo, Tlaxcala, Michoacán, Chiapas, Coahuila, Oaxaca, Yucatán y Estado de México.

Celebremos que los mexicanos compartimos un legado en común que es nuestro deber respetar, valorar y enaltecer, pero también adaptar y resignificar. También, que hoy nos reunimos en torno a la cocina, un ambiente ya deleitable en sí para todos nuestros sentidos, a la vez que prodigioso y vital. Porque así como no hay un solo México, tampoco hay una sola cocina en él. Celebremos entonces la diversidad de nuestras cocinas mexicanas antiguas y actuales, de un extremo al otro del país, y de sus componentes esenciales que desde siempre le han insuflado vida.

LOS EDITORES

Celebrar nuestras raíces: la cocina mexicana

Claudio Poblete Ritschel

El campo mexicano

Mucho se ha hablado sobre la urgente necesidad de atender los temas pendientes con la situación del campo mexicano (productividad, financiamiento, sustentabilidad, modernización, como los principales); debido a lo anterior, se plantea el regreso de sus principales productos e ingredientes a las mesas de toda la nación. Será por medio de la ley de la "oferta y la demanda", que cada uno de los más de 120 millones de mexicanos podremos ayudar a reactivar la producción de nuestra fértil tierra.

Con esta premisa hemos realizado este libro, para hacer un homenaje a nuestras raíces a través de un completo viaje por los productos endémicos que México legó a la humanidad.

La cocina tradicional mexicana ha influido en la culinaria de todo el mundo; hoy es común encontrar chocolate, vainilla, aguacate, jitomate, frijol, calabaza, chile o maíz, con sus respectivas variedades, en los recetarios de las cocinas internacionales. La única manera de preservar este gran legado gastronómico será a partir de su uso activo en la comida de todos los días, en nuestras casas.

Retomar el tema de la Soberanía Alimentaria (dieta básica de los mexicanos), es un aspecto que urge revisar en todas las esferas del desarrollo nacional. Además de tratarse de un tema de sustentabilidad y de ayuda al medio ambiente, de economía y de desarrollo social del país, se trata de un asunto primordial para la salud de los mexicanos, pues el avance rapaz de la industrialización en la cadena de la alimentación moderna, ha provocado el aumento en el índice de sobrepeso en las sociedades urbanas e incluso rurales. Por tal motivo, el movimiento de revalorización de la cocina nacional se ha transformado en un asunto, incluso, de política pública.

Hasta hace dos décadas, los mejores restaurantes en México eran de especialidad francesa, española o italiana; las modas culinarias internacionales permeaban con mucha facilidad en las grandes ciudades del país. Hoy, la realidad favorece a la cocina mexicana —tradicional y de vanguardia—; los restaurantes más reconocidos en las grandes listas de popularidad o entre los conocedores y seguidores de la alta restauración, son mexicanos. Han sido muchos los protagonistas de este cambio en México, ya que académicos, cocineras tradicionales y jóvenes chefs de una generación prodigiosa fueron conquistando lugares en la estricta cadena de la industria de la hospitalidad.

Es innegable la contribución que el campo mexicano ha realizado a la supervivencia de un complejo sistema cultural que pervive hasta nuestros días.

Contexto cultural

Con la domesticación del maíz, atribuida al hombre de Tepexpan aproximadamente hace 8 mil años, se comenzó el camino del cultivo de otras plantas, como la calabaza (7 500 años) o el frijol (4 500 años).

Hablar de la cocina del campo mexicano es hablar de los albores de las civilizaciones de América. Las culturas primigenias de Mesoamérica dieron un lugar preponderante al sistema agrícola de autoconsumo como una forma de vida que, en gran medida, modeló la cosmogonía del ser humano respecto a la tierra y buscó dar significado a su propio origen a partir del nacimiento de uno de sus más grandes baluartes: el maíz. Así quedó plasmada esta importancia en el libro sagrado de los mayas el *Popol Vuh*, donde la creación del hombre se genera a partir del nacimiento del maíz.

La milpa (palabra proveniente del náhuatl *milli*, que significa parcela sembrada o lugar de cultivo), es un complejo sistema de siembra, el cual tiene implicaciones importantes para otros aspectos socioculturales y demográficos, pues de ella se desprende el concepto de propiedad privada en los pueblos precolombinos del centro del territorio nacional. En esta porción de tierra se planta (hasta nuestros días) maíz, frijol y calabaza, como base esencial de lo que hoy llamamos *tríada alimentaria mesoamericana*. A esta base también se añadió el cultivo de chile, frijol, tomate y jitomate, con sus respectivas variedades, como productos de temporada, y de igual manera algunas plantas, como los quelites (del náhuatl *quilitl* planta o hierba, que significa verde comestible). La milpa también se conoce como el "ecosistema perfecto", pues entre cada una de las especies sembradas se proveen los nutrientes necesarios para que la tierra sea fértil para el maíz; algunos quelites, o incluso chile, sirven como herbicidas naturales que combaten las plagas y evitan que los insectos acaben con la cosecha. La función vital de la fotosíntesis, que se da debido a las frondosas hojas de las enredaderas de calabaza, chile o jitomate, contribuyen al proceso natural de condensación del oxígeno y a la formación de nubes que proveen la lluvia a la parcela; así se hace sustentable el ciclo agrícola, que además contribuye a la formación de mantos freáticos, de los que se beneficiaban las comunidades establecidas en la periferia de las milpas. Pronto comenzaron a ser la base del desarrollo de completos sistemas de cultivo en terrazas y zonas ribereñas que se fueron convirtiendo en importantes asentamientos humanos y, como es natural, en las grandes civilizaciones que hoy conocemos.

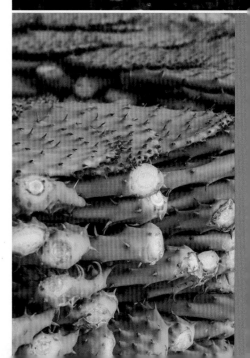

Como ya indicamos, hablar del campo nacional es hablar de Soberanía Alimentaria, un baluarte que en las últimas décadas ha despertado el interés de los más importantes investigadores y promotores de las letras culinarias. Entre ellos destacan los trabajos de Cristina Barros y Marco Buenrostro, quienes han estudiado el complejo sistema de la siembra del campo desde la época prehispánica con la finalidad de establecer los parámetros que se deben seguir al momento de hablar o desarrollar nuevos conceptos alrededor de la cocina

mexicana primigenia. Otros importantes autores en la materia han sido José Iturriaga de la Fuente, quien hace una revisión a partir de los productos esenciales de la cocina mexicana en paralelo al desarrollo de las culturas del México antiguo. En cuanto al estudio antropológico, histórico y social de la cocina nacional, José Luis Juárez López es quien ha establecido la importancia que tiene la relación del mexicano con su alimentación, su entorno, y desde luego el campo, pues este aspecto lo identifica de entre los ciudadanos del mundo.

Entender la cocina mexicana

Es importante determinar que el carácter único de la cocina en México se debe a una serie de factores que inciden en el desarrollo de la cadena productiva; es decir, desde el campo hasta la mesa. Estos puntos son:

Biodiversidad. México forma parte de los 10 países con mayor biodiversidad en el mundo; de hecho, es tal su variedad, que el nombre correcto es: país megadiverso. Por consecuencia lógica, la cocina mexicana es el resultado del aprovechamiento de los recursos naturales regionales. Así, la cantidad de productos del campo que llegan a la mesa es infinita. De una lista de productos endémicos regionales podríamos destacar: maíz, frijol, chile, cacao, vainilla, zapote, calabaza, jícama, agave, nopal, tuna, jitomate, tejocote, quelites, hongo, chayote, camote, aguacate, guanábana, mamey, caimito, chirimoya, guayaba, pitaya, cabuche, gualumbo, chilacayote, cacahuate, nanche, ciruela, mezquite, colorín, papaya, capulín, algunos con sus diversas variedades, entre muchos otros. Según datos publicados por Edelmira Linares y Robert Bye, del Instituto de Biología y el Jardín Botánico de la Universidad Nacional Autónoma de México (UNAM), en nuestro país existen más de 22 mil especies de plantas, lo que propició que la cocina mexicana se identificara a partir de un fuerte componente vegetal, pues se desarrollaron de manera natural especies que sin ser comestibles se adaptaron para el consumo, como lo es el propio maíz, un logro de la ingeniería humana. Lo mismo ocurrió con las diferentes variedades de chile, calabaza y frijol. Ambos autores han desarrollado para la UNAM una cantidad importante de estudios que pueden ser consultados en la vasta base bibliográfica de esta universidad; como el inigualable recetario de *Los quelites, un tesoro culinario*, en el que dan a conocer la extraordinaria cantidad de preparaciones que, hasta hoy, consumimos de manera regular.

Imaginemos por un momento la pastelería universal sin el chocolate o la vainilla; las cocinas asiáticas sin el chile o bien la culinaria italiana sin la calabaza o el jitomate; todos ellos, productos endémicos de México, los cuales legamos a la humanidad después del encuentro de los mundos americano y europeo, en 1492. Es importante defender y salvaguardar este legado y romper con los mitos gastronómicos que se han gestado en otras cocinas, las cuales aseguran ser las portadoras originarias de estos ingredientes. Así, la cocina mexicana ha encontrado su lugar en el mundo por ser una cocina que ha incidido de manera directa en el imaginario de los recetarios y los fogones internacionales.

Colectividad. Actualmente, la cocina mexicana se conoce como uno de los elementos de encuentro social más claros entre nuestras comunidades. El taco, por ejemplo, es un elemento cultural que nos identifica a todos por igual, pues se come y se conoce desde Tijuana hasta Mérida y lo conoce lo mismo un maestro de la construcción, que el empresario más connotado del país.

La vida en comunidad se ha desarrollado a partir de la comida, y el centro neurálgico en las casas de los mexicanos sigue siendo la cocina y la sobremesa es una costumbre obligada de las buenas formas y costumbres en los cánones no escritos de nuestra sociedad.

El mercado, el tianguis, las cocinas económicas, las fondas y las comidas corridas, son elementos que también dan carácter y relevancia a los mexicanos de todas las clases sociales. Hoy podemos decir que la cocina mexicana es el acto más democrático, pues nos cohesiona e identifica como sociedad.

Religiosidad. Las prácticas de la cocina en México han estado asociadas a los ritos y a las costumbres religiosas desde tiempos inmemoriales. Hemos sido designados como el pueblo del maíz, pues incluso las culturas mexicas o mayas desarrollaron un complejo árbol genealógico para nombrar deidades asociadas a esta planta que, hasta la fecha, sigue siendo la base de la vida, factor de desarrollo de la tierra y su conexión con los hombres que la habitan.

Desde el grano, pasando por la planta en sus diferentes ciclos vegetales, hasta llegar a su cosmogonía general, el maíz como una deidad es un concepto complejo; por ejemplo: el señor Centeotl (grano de maíz), puede ser dual (femenino o masculino) según su acepción lingüística. La siembra, al cuidado de la diosa Chicomecóatl, tenía que proteger las cosechas, pero principalmente a su todo y a su razón de ser: el maíz.

La cocina mexicana está presente en el rito y en la celebración, en el nacimiento y en la muerte de cada habitante de esta nación. Lo mismo hacemos tamales para un bautizo que para celebrar la Semana Santa o la Navidad, una boda, un nacimiento, una muerte. Cuando salimos fuera del país y regresamos a nuestra patria, lo primero que pedimos para comer es un taco.

Los sistemas de cultivo en México

La milpa. Entendiendo que México es un país megadiverso y que además cuenta con una gran extensión territorial, con todo tipo de climas y suelos, es natural que no en todas las zonas se conciba a la milpa de la misma manera.

Edelmira Linares y Robert Bye, de quienes ya hablamos, tienen una clara definición de la milpa. En el libro de Artes de México dedicado al Conservatorio de la Cultura Gastronómica Mexicana: *Elogio de la Cocina Mexicana Patrimonio Cultural de la Humanidad*, los autores señalan lo siguiente:

En las milpas se domesticaron y diversificaron numerosas especies de consumo cotidiano. La milpa es una muestra por excelencia de cómo el hombre ha manipulado la naturaleza para sobrevivir. A esta invención de Mesoamérica, la integran el maíz, el frijol y la calabaza.

El maíz con una especie y alrededor de 60 razas nativas; el frijol, con cinco especies y diversas razas; la calabaza con cuatro especies y algunas razas. Se asocia, además, a una amplia variedad de plantas comestibles como los chiles, tomates, quelites (plantas condimenticias), plantas medicinales y animales adaptados a vivir en ese agrosistema.

Cada cultura, de acuerdo con su saberes y tradiciones, ha impreso un sello distintivo. La selección y combinación de las plantas de su preferencia y el manejo de razas de maíz, frijoles y calabazas, han favorecido el incremento en su diversidad. En las diferentes localidades de México, la milpa se manipula de acuerdo al entorno. En cada zona la milpa se complementa y enriquece con cultivos locales, y se incluyen otras plantas de importancia cultural y económica.

Para los expertos de la UNAM, la milpa es una manera de entender el campo según las plantas endémicas de la región. Los climas y los suelos son determinantes para el florecimiento del complejo sistema de siembra que dependerá de la temporada.

Debido a lo anterior, han establecido un cuadro de la milpa según algunas zonas geográficas:

Centro de México, clima frío: la base de la milpa: maíz, frijol y calabaza se mezcla con las habas. En Amecameca, Estado de México, se mezcla con amaranto. En Chiapas se mezcla con papaya. En Guerrero, zona de la Costa Chica, se mezcla con la flor de Jamaica. En Xochimilco, en la zona de chinampas, se mezcla con verduras como el brócoli.

A esto es necesario agregar otros sistemas de cultivo que hasta nuestros días se mantienen en las culturas modernas de todo México:

Solar maya. En el sureste mexicano, en los estados de Yucatán, Campeche, Quintana Roo, Chiapas y Tabasco, se realizan los cultivos de traspatio y los solares mayas. En medio de la densa selva donde se abren claros entre la copiosa vegetación, se planta maíz, calabaza local, ibes, frijol xpelón y guaje. La luz del sol y los ríos subterráneos del suelo de piedra caliza de la región contribuyen a la fertilidad de este sistema de cultivo, hoy promovido y protegido por la organización no gubernamental The Nature Conservancy.

Chinampas (del náhuatl *chinamitl*, que significa cerca de cañas). Es un método mesoamericano de agricultura y expansión territorial que pervive hasta nuestros días. En la zona de Xochimilco en la Ciudad de México, declarada Patrimonio de la Humanidad por la Organización de las Naciones Unidas para la Educación, la Ciencia y la Cultura (UNESCO), se pueden apreciar todavía. Es un sistema de islas artificiales flotantes cubiertas con tierra. Servían para cultivar flores y hortalizas; con el paso de los siglos también sirvieron para ampliar el territorio en la superficie de lagos y lagunas del Valle de Anáhuac. El armazón de las chinampas se hace con troncos y varas, sobre las que se deposita tierra tratada con compostas naturales, como pastizales, hojarascas y los propios residuos de los cultivos de las milpas de la tierra firme. En las chinampas se acostumbraba sembrar árboles de la especie sauce para que sus raíces crecieran desde el agua hasta la tierra firme, estas chinampas se anclaban en la ribera de lagunas y arroyos.

Según los relatos de Fray Bernardino de Sahagún y Bernal Díaz del Castillo, las chinampas se crearon con una técnica ideada por los toltecas y continuada por los mexicas, su máximo esplendor continuó justo antes de la conquista de México, por lo que sus usos y técnicas fueron presenciadas directamente por los evangelizadores del Nuevo Mundo, quienes las integraron a sus oficios, permitiendo la continuación de estas prácticas agrícolas.

La Cocina Mexicana, Patrimonio de la Humanidad

Debido a los esfuerzos de la sociedad civil y a partir de la investigación gastronómica realizada durante décadas por reconocidos autores de nuestra cocina, como Guadalupe Pérez San Vicente, Cristina Barros, Marco Buenrostro, José Luis Juárez, José Iturriaga, José Luis Curiel, Ricardo Muñoz Zurita, Yuri de Gortari y Edmundo Escamilla, es que nuestra cocina cuenta con un sólido marco académico para ser comprendida y estudiada por todas las aristas posibles. Dentro de los trabajos realizados en este aspecto, está el realizado por el Conservatorio de la Cultura Gastronómica Mexicana, que derivó en el nombramiento ante la UNESCO de la Cocina Tradicional Mexicana como Patrimonio Cultural Inmaterial de la Humanidad, el 16 de noviembre de 2010. Con el propósito de que fuera admitida la cocina tradicional mexicana como Patrimonio de la Humanidad se creó el expediente: "La Cocina del Pueblo Mexicano: Tradición ancestral, cultura y vigencia", en el que se lee:

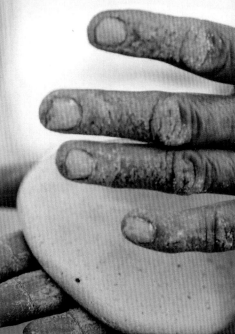

> La cocina tradicional mexicana es un modelo cultural completo que comprende de actividades agrarias, prácticas rituales, conocimientos antiguos, técnicas culinarias, costumbres y modos de comportamiento comunitarios ancestrales. Esto ha llegado a ser posible gracias a la participación de la colectividad en toda la cadena alimentaria tradicional: desde la siembra y la recolección de las cosechas, hasta la preparación culinaria y degustación de sus manjares. El arte culinario mexicano es muy elaborado y está cargado de símbolos. Se pueden encontrar agrupaciones de cocineras y de otras personas practicantes de las tradiciones culinarias. Sus conocimientos y técnicas son una expresión de la identidad comunitaria y permiten fortalecer los vínculos sociales y consolidar el sentimiento de identidad en el ámbito nacional, regional y local.

Esto nos da una idea de la correlación entre la cocina tradicional mexicana y los usos y costumbres de las formas de alimentación desde tiempos inmemoriales. La importancia del campo y los métodos de cultivo a partir del desarrollo de las numerosas culturas precolombinas, hicieron de nuestra cocina un crisol de expresiones simbólicas en la cohesión de nuestra sociedad, las cuales perduran hasta nuestros días y nos cobijan bajo un paraguas de identidad.

Por tal motivo, al nombramiento de la Cocina Tradicional Mexicana como Patrimonio Cultural Inmaterial de la Humanidad le ha acompañado un carácter de cocina trascendental viva y vigente.

Cuando nos detenemos a pensar que actualmente comemos tortillas de la misma manera que lo hacían los antiguos mexicanos, hace más de 3 mil años, nos damos cuenta de la importancia de la base alimentaria de la cocina mexicana.

Promotores de nuestras raíces

En los últimos años han surgido grandes figuras para la salvaguarda del campo mexicano y sus sistemas ancestrales de cultivo, como el chef Jorge Córcega, originario de San Luis Potosí, quien casado con una oriunda de la delegación Milpa Alta, en la Ciudad de México, decidió iniciar un proyecto al que llamó: La Ruta de la Milpa.

Así, Córcega es un cocinero que realiza recorridos gastronómicos por la zona de nopaleras ubicadas en el área rural de la capital mexicana. Además, explica a los visitantes de México y el mundo los métodos para la siembra del maíz; realiza demostraciones culinarias y degustaciones a compañeros cocineros con la finalidad de acercarlos a la realidad del campo nacional y a los procesos de producción. Es en este escenario, en La Ruta de la Milpa, donde inició el libro *Grandes chefs mexicanos*, en medio de una nopalera que nos recibió en los albores de un día de primavera con el propósito de integrarnos a las filas del campo mexicano.

Ahí, 22 grandes chefs y cocineros mexicanos recibieron los primeros rayos de sol, para juntos generar nuestra foto de portada; una mañana que también sirvió de inspiración para diseñar un menú de cinco recetas, en las que cada uno hace un sentido homenaje a nuestras raíces culinarias. Provenientes de todas las regiones del país, los chefs son embajadores de sus cocinas, promotores del campo de su localidad y hacedores de cadenas de productividad en las que interactúan con campesinos y productores locales. Por los anteriores motivos, fueron elegidos para formar parte de este proyecto que recurre a otros grandes protagonistas de la nueva realidad gastronómica en México: el maestro ceramista oaxaqueño Adán Paredes, quien diseñó una hermosa vajilla para enmarcar cada uno de los platillos; la empresa jalisciense de uniformes Clinik, que diseñó las filipinas para cada uno de ellos, el Hotel Carlota en la Ciudad de México, nuestra casa durante tres días de producción de las recetas y toma de fotografías; HSBC Mundo Epicúreo, quienes ayudaron a reunir desde todos los rincones del país a los cocineros, y el Colegio Superior de Gastronomía, que recibió a los chefs en sus modernas instalaciones para llevar a cabo una maratónica sesión de fotos que duró más de 14 horas.

Con la suerte de mezclar dos grandes equipos editoriales, el de Culinaria Mexicana y el área de gastronomía de Larousse, es que logramos esta obra editorial que busca incentivar a los amantes de la cocina mexicana al uso de nuestros productos a través de todos los maravillosos cocineros que hicieron posible este sueño que hoy saborea lo mejor de nuestra cocina.

Grandes chefs mexicanos celebrando nuestras raíces

- **Aquiles Chávez,** Restaurante Sotero, Pachuca, Hidalgo.

- **Betty Vázquez,** Restaurante El Delfín, Hotel Garza Canela, San Blas, Nayarit.

- **Daniel Ovadía,** Grupo Bull&Tank, Ciudad de México.

- **Edgar Núñez i Magaña,** Restaurante Sud777, Ciudad de México.

- **Francisco Molina,** Restaurante Evoka, Apizaco, Tlaxcala.

- **Francisco Ruano,** Restaurante Alcalde, Guadalajara, Jalisco.

- **Gabriela Ruiz,** Restaurante Gourmet MX, Villahermosa, Tabasco.

- **Gerardo Vázquez Lugo,** Restaurante Nicos, Clavería, Ciudad de México.

- **Joaquín Cardoso y Sofía Cortina,** Restaurante Carlota, al interior del hotel Carlota, Ciudad de México.

- **Jonatan Gómez Luna,** Restaurante Le Chique, Riviera Maya.

- **Jorge Vallejo,** Restaurante Quintonil, Ciudad de México.

- **Juan Cabrera,** Restaurante Fonda Fina, Ciudad de México.

- **Juan Ramón Cárdenas,** Restaurante Don Artemio, Saltillo, Coahuila.

- **Lizette Galicia,** Restaurante El Mural de los Poblanos, Puebla, Puebla.

- **Lucero Soto,** Restaurante LU Cocina Michoacana, Morelia, Michoacán.

- **Lula Martín del Campo,** Restaurantes Roca y Cascabel, Ciudad de México.

- **Marta Zepeda,** Restaurante Tierra y Cielo, San Cristóbal de las Casas, Chiapas.

- **Pablo Salas,** Restaurante Amaranta, Toluca, Estado de México.

- **Regina Escalante,** Restaurante Merci, Mérida.

- **Reyna Mendoza,** El Sabor Zapoteco, Oaxaca, Oaxaca.

- **Roberto Solís,** Restaurante Néctar, Mérida, Yucatán.

Raíces de la cocina mexicana

Gustavo Romero Ramírez

La parte medular del libro que el lector tiene en sus manos se compone de 21 diferentes visiones de la culinaria mexicana contemporánea. Posee el singular acierto de mostrar lo que se guisa en los fogones de talentosos chefs o cocineros, algunos ya consolidados y otros en pleno ascenso, que destacan por ser referencia en la escena mexicana actual. Podemos percibir en sus recetas, aunadas a sus biografías, diferentes influencias, formaciones, direcciones y conceptos de lo que desean representar como cocina mexicana a través de sus creaciones. De cierta forma, todos ellos hallan inspiración en una o varias de las siguientes características que son raíces de las cocinas en México: la utilización de ingredientes que hay en sus tierras; métodos y técnicas culinarias que han empleado en el país varias generaciones de mexicanos; utensilios que durante décadas o centurias han estado en las mesas de miles de connacionales o, con mira firme, en la innovación en el procesamiento y presentación de sus alimentos mediante la resignificación hacia la vanguardia de conceptos, formas y usos de lo tradicional.

Ante esta pléyade de potenciales inspiraciones, vale la pena preguntar entonces, ¿ante cuáles conceptos de cocina mexicana nos encontramos? ¿La cocina mexicana es aquella en la cual se emplean ingredientes cultivados en México, o la que es elaborada por mexicanos? O más bien, ¿se define por el procesamiento de los ingredientes apegados a una tradición que, de forma tácita, quienes somos mexicanos validamos como tal? Esta duda de difícil respuesta no es nueva, pues es pertinente decir que se remonta al siglo XIX, periodo donde nació el México independiente ávido de identidad. A pesar que desde 1831 se detecta un documento impreso cuyo título incluye el adjetivo mexicano, *El cocinero mexicano*, en el cual se detallan algunos de los guisos que se elaboran en México, en él no se percibe aún la denominación cocina mexicana separada del resto de otras cocinas, situación que quizá se deba a la incipiente independencia del país. Será hasta 1872 con *La cocinera poblana y el libro de las familias* que aparecerá el primer apartado explícito de cocina mexicana, donde se detalla lo que ya está enmarcado como tal, para comenzar a particularizarla de entre el resto de otras cocinas. Después de esta aparición, el historiador de la cocina en México José Luis Juárez López, indica que fue hasta 1893 que en el *Libro del Hogar* apareció nuevamente un capítulo de cocina mexicana en un impreso. A partir de estas primeras referencias, el mismo autor ha propuesto una ruta de construcción paulatina del concepto de cocina mexicana en los impresos culinarios, que en definitiva heredamos, la cual no se salvó de ser objeto de desacuerdos y pugnas tanto entre mexicanos como extranjeros, y que incluso hoy sigue vigente.

Una posible solución para delimitar qué es lo mexicano en la cocina no es tajante, pero quizá sí pertinente: una combinatoria subjetiva y singular de los elementos antes planteados. Así, los componentes de la cocina mexicana son los ingredientes mexicanos, más los elaboradores mexicanos, más cierto apego a lo que a través del tiempo hemos definido como tradición culinaria mexicana, en diferentes gradientes e importancia de acuerdo con cada caso particular.

Ante este mar de temas y cabos sueltos, propongo ahora un breve recorrido por las raíces de las cocinas en México. Sin pretender ofrecer listas exhaustivas sino información destacable, se compone de destellos de un caudaloso manantial del cual abrevan los 22 personajes estrellas de este libro, inagotable para ellos y para todos nosotros. El objetivo principal de este esfuerzo: percibir a la culinaria como un sistema, donde la potencia de cada agrupación de elementos que por sí misma contiene, sea la antesala de reflexión personal para poder desdibujar, aunque sea un poco, las fronteras que aún quedan para aprehenderla como una manifestación biocultural vital que atraviesa transversalmente nuestro ser y nuestras colectividades.

México, país megadiverso

La clasificación de México como un país megadiverso ha sido otorgada por la ONU a través del Programa de Naciones Unidas para el Medio Ambiente (PNUMA), creado en 1972. El criterio de esta inclusión: albergar un índice elevado de la biodiversidad de la Tierra. La Comisión Nacional para el Conocimiento y Uso de la Biodiversidad (Conabio) extiende esta explicación al indicar que un país megadiverso es aquel que pertenece a una muestra de 10% de los países en que el mundo está dividido (170 aproximadamente), de tal manera que por la combinación de sus especies se obtiene la máxima diversidad biológica posible, tanto en número de ecosistemas terrestres y acuáticos, como de especies y riqueza genética.

Ya que la clasificación anterior se refiere exclusivamente a la biodiversidad, deseo extenderla al ámbito de la cultura, justificado en el número de lenguas habladas en territorio mexicano. Reconociendo que cada una de ellas es una manera particular de ver y dar sentido al mundo —diferente del de otras lenguas—, aunado a los datos que el Instituto Nacional de Estadística y Geografía (INEGI) publicó en 2015, que indican que en México existen poco más de 65 lenguas vivas, podemos establecer que este país es uno de los que concentra el mayor número de lenguas a nivel mundial.[1] Por tanto, el país no sólo es megadiverso en cuanto a biodiversidad, sino también en culturas.

---

[1]   Swadesh propuso en 1960 que las lenguas habladas en México al momento del contacto eran 147. Sin embargo, de acuerdo con Warman, estudios posteriores indicaron que tan solo en el primer siglo posterior al contacto castellano se extinguieron 113 lenguas. Por tanto, habría que pensar que las lenguas habladas en México antes del contacto europeo fueron más de las 147 propuestas, lo cual sugiere una diversidad aún mayor de culturas de las que conocemos históricamente.

Propongo amalgamar ambos hechos creando la denominación bioculturalmente megadiverso, lo cual no es poco.

Los ecosistemas

La megadiversidad que atañe a los ecosistemas de México es conocida. En 2008 la Conabio indicó que el país ocupa el lugar 14 en extensión territorial, y se posiciona como el cuarto país con la biota más rica del mundo; octavo lugar en aves, quinto en flora vascular y anfibios, tercero en mamíferos y primero en reptiles. Con más de 70 000 especies, dicha biodiversidad se explica por la gran complejidad fisiogeográfica de los territorios del país y por su intrincada historia geográfica y climática. La misma Conabio definió para México tres grupos de ecosistemas: Terrestres, Costeros, insulares y epicontinentales, y Marinos.[2] Al abrigo de todos ellos es que las diferentes culturas en México a través del tiempo han echado mano de los recursos disponibles para las necesidades de todo tipo, incluyendo las alimentarias y las culinarias. En ellos se encuentran los ingredientes, los materiales y los procesos, que en conjunto con aquellos que fueron introducidos después del contacto castellano, conforman la megadiversidad biocultural en torno a la culinaria.

Los ingredientes

La matriz de sabores de la culinaria en México se sustenta en la amplia variedad de ingredientes disponibles, así como en las combinaciones que entre ellos es posible realizar. Históricamente, el territorio que hoy comprende México se ha nutrido de centenas de culturas que han hecho su impronta, desde las prehispánicas hasta las del siglo XX. Lo cierto es que todas ellas heredaron conocimientos de cómo procesar ciertos insumos de sus antecesores, a la vez que a través de ensayo y error desarrollaron otros. Hubo una gran cantidad de ingredientes de los cuales se valieron para diversificar sus preparaciones, tanto vegetales como animales y minerales.

Entre los vegetales siempre ha merecido mención especial la llamada tríada: maíz, frijol y calabaza, vigente desde antes del contacto castellano. Del maíz actualmente existen más de 60 razas, las cuales se emplean de múltiples maneras de acuerdo con sus cualidades organolépticas: color, contenido de agua o almidón, tamaño o forma. A manera de ejemplo, en Michoacán una gran variedad de atoles y tamales se elaboran con maíces específicos. Del frijol se conocen más de 400 razas entre cultivadas y silvestres, que incluyen casi todos los frijoles que se emplean en México; otras especies del mismo son el ayocote, el tépari y el ibe. De la calabaza se emplean comúnmente cuatro especies que se agrupan principalmente en dos nombres comunes: la calabacita italiana y la calabaza de Castilla.

---

[2] Entre algunos de los ecosistemas principales, de los terrestres: bosques tropicales perennifolios; bosques tropicales caducifolios; bosques mesófilos de montaña; bosques templados de coníferas y latifoliadas; matorrales xerófilos; pastizales, y humedales. De los ecosistemas costeros, insulares y epicontinentales, los costeros: manglares; franja intermareal y de dunas costeras, y arrecifes de coral. Los insulares: Golfo de California, y costa oeste de la Península. Los epicontinetales: ríos y arroyos. De los ecosistemas marinos: pelágicos y bentónicos.

Otro vegetal de importancia es el chile, que en ocasiones se menciona como complementario a la mencionada tríada, y del cual existen cerca de 40 variedades de acuerdo con la Conabio. Junto con el maíz, es quizá de los vegetales que mayor variedad presenta tanto en los aspectos biológicos como el de usos culinarios, y de acuerdo con Janet Long-Solís, ha contribuido durante 8 000 años con variedad y sabor a la dieta básica del país. La especialización es tal que existen chiles regionales, tal es el caso de los chiles x'catic de la península de Yucatán, el simojovel de Chiapas o el chilchuacle de Oaxaca.

Luego sigue una pléyade de frutos, hojas y hierbas y semillas que fungen como diversificadores de la dieta basada en el maíz, el frijol, la calabaza y el chile. El jitomate y el tomate verde merecen mención especial, pues continúan siendo ampliamente utilizados en la base de muchas preparaciones. Los mexicas agrupaban los quelites con el nombre de *quilitl*, haciendo referencia a hierbas, retoños, flores e inflorescencias comestibles que aprovecharon muy bien, como el epazote, el papaloquelite, la pipicha, las flores de colorín, los botones florales del guaje, la chaya, la hoja santa, el quelite cenizo, y el amaranto, del cual se consumen las hojas y las semillas; dicho legado se encuentra vigente en la actualidad. La denominación zapote aplica hoy para varios frutos, como el zapote negro, el zapote blanco, el chicozapote y el zapote amarillo, y en el periodo prehispánico también para el mamey, llamado *tetzonzapotl*, que en traducción libre sería mamey tezontle o mamey del color del tezontle. Otros frutos destacables son el chayote y el tejocote, y entre las semillas, el piñón rosa. Las raíces y tubérculos también han sido aprovechados, como el caso del camote o la jícama. Entre los saborizantes y condimentos podemos citar a la vainilla, el achiote, la pimienta gorda, el orégano cimarrón o el orégano de monte.

Entre los animales están los mamíferos, como el venado, diferentes especies de conejo, armadillo, roedores o manatí; los reptiles y anfibios, como la iguana, diversas especies de tortuga, ajolotes y ranas; las aves, como el guajolote, el faisán y diversas especies de patos; los insectos, como varias especies de chapulín, el jumil, los gusanos de maguey, la hueva de mosco o ahuautle, la hormiga chicatana; y las mieles de abeja melipona o de hormiga mielera. Hay que incluir también a los animales netamente acuáticos, como acociles, acamayas y muchas variedades de peces y, finalmente, los minerales y similares, como cal, sal y tequesquite.

¿Qué sería hoy de varios platillos de la cocina mexicana sin el limón, el cilantro y la cebolla? Esta tríada de ingredientes fue añadida a la antigua tríada prehispánica para, en combinación con otros, dar origen a mezclas hoy exitosas en el paladar de muchos mexicanos. El trigo surgió como el grano básico en la panificación. El ajo está afianzado junto con los ya mencionados cilantro y cebolla, como uno de los aromáticos de base de la culinaria mexicana. La caña de azúcar, el huevo y la leche son ingredientes que aportaron en los terrenos dulce y salado sus propiedades multifacéticas. También hicieron lo suyo frutos, verduras y hierbas, como hierbabuena, zanahoria, ciruela, pera, tamarindo, manzana, durazno, nueces diversas como la de Castilla o encarcelada, almendra, y los chiles habanero y manzano. Entre los animales, los de ganadería y granja, como la res, la cabra, el cerdo y la gallina. Muchas especies de pe-

ces y crustáceos, como sardina y atún. Además, saborizantes y condimentos, como pimienta negra, clavo, laurel y tomillo.

Los materiales

Sean extraídos directamente de la tierra o fabricados ex profeso, los materiales empleados en las cocinas de México han pasado la prueba de ensayo y error que ha permitido detectar cuáles ofrecen mayores ventajas de durabilidad, maleabilidad, conducción del calor, y otras propiedades para el procesamiento y servicio de alimentos.

Las piedras y la madera son dos materiales esenciales en muchas cocinas del mundo, y en las mexicanas no es la excepción. Después de haber sido extraídas, al cortarlas, tallarlas y devastarlas, se les imprimen las formas idóneas de acuerdo con el uso. Algunos frutos, como los guajes, simplemente con hacerles algún corte u orificio cumplen funciones básicas en las cocinas y mesas de México. Varios metales en estado nativo o sintetizados, así como aleaciones de elementos, como cobre, hierro, aluminio, oro, plata y peltre, han sido desde muchos siglos materia prima básica para elaborar muchos artefactos para ser usados con los alimentos. También, otros que solamente se ajustan en tamaño o se refinan, como huesos, conchas o fibras. Y el vidrio, la cerámica, la porcelana, las telas y materiales similares que han embellecido las cocinas y las mesas tanto de preparadores de alimentos como de comensales.

El saber hacer en... procesar los ingredientes

Mientras que algunos ingredientes son comestibles tal cual la naturaleza los proporciona, hay otros que, sean aptos para ser consumidos en su estado natural o no, son procesados solos o en combinación para dar origen a productos también comestibles.

En el ámbito más industrial que casero dos de ellos son esenciales actualmente en cualquier cocina: sal y azúcar. El primero, después de que se extrae se somete a diferentes procesos para añadirle elementos como yodo y conferirle características apetecibles y de durabilidad, como su color blanco o incentivar que se conserve el mayor tiempo posible en gránulos. El azúcar de caña se obtiene mediante procesos similares, pues una vez extraído el jugo de caña, debe ser cocido y después separado de acuerdo con su grado de adecuación para obtener melcocha, piloncillo, y los diferentes tipos de azúcar, como mascabado, morena, estándar o refinada. El azúcar glass es un azúcar molida finamente mezclada con fécula de maíz.

Los productos alcohólicos se obtienen principalmente mediante destilación y fermentación. Característicos del primer método son el tequila y el mezcal. Del segundo, el pulque, el tepache, la chicha y la cerveza.

Para ampliar la vida útil de ciertos comestibles se emplean diversas técnicas de conservación. Podemos mencionar el secado, del cual un ejemplo es el que realizan en el norte del país con espirales finas de calabaza, que llaman bichicoris; el ahumado, realizado con algunos pescados, como la sierra, o el enchilado. También está la elaboración de vinagres de manzana, de caña y de piña para elaborar escabeches y conservas, de los cuales el más popular son los chiles en vinagre o en escabeche, de los que se dice que la versión enlatada es primicia de Xalapa. De las conservas, la de nanche es común en Chiapas y Oaxaca. Dentro de este rubro también se incluyen los tratamientos otorgados a la leche con los cuales se obtienen productos, como queso panela, de cincho, de cuadro, nata, mantequilla, crema de rancho, o la familia de embutidos, destacando el chorizo verde de Toluca o la longaniza de Valladolid. Igual de ejemplar es la obtención de todos los derivados del cerdo, como la manteca o el chicharrón; o la obtención de aceites de ingredientes oleaginosos, como la semilla de girasol, la canola o el maíz. También, la reducción de jugos vegetales para prolongar su vida útil, método con el cual se obtienen miel de maguey, miel de tuna y varias más.

Una alta especialización se encuentra en los procesamientos otorgados al maíz para obtener diferentes productos, como elotes, maíz seco, pinole, aparte de la caña de la planta y las hojas. Lo mismo para el maguey, del cual se obtiene aguamiel, pulque, tequila, mezcal y otros destilados, así como fibras para enseres para el procesamiento de ingredientes o servicio en la mesa.

El saber hacer en... procesar los materiales

El conocimiento acumulado de decenas de generaciones del entorno, en combinación con las necesidades culturales de cada grupo que ha habitado el territorio que hoy es México, ha sido la raíz fecunda del saber hacer en procesar los materiales. Con la piedra se elaboran metates, molcajetes, molinos manuales, ciertos cuencos y hasta comedores. Con la madera: cucharas, palas, tablas para picar, cuencos diversos, servilleteros, portavasos y tortilleros. Algunos frutos, por ejemplo los guajes, se modifican ligeramente para cumplir alguna función en la obtención, procesamiento y servicio de los alimentos, como pueden ser tortilleros, cucharas, tazones, acocotes para la extracción de aguamiel, cántaros para transportar el agua o recipientes para almacenar los secos. La magistral habilidad manual para soplar el vidrio o moldear el barro son dos prodigiosas manifestaciones culturales que dan vida a un sinfín de formas y colores en los útiles de cocina, en especial ollas, jarras y cazuelas. Los metales y sus derivados o aleaciones, que son transformados en cucharas, ollas, pocillos, comales y sartenes o cazos de cobre, estos últimos tradicionales en Santa Clara del Cobre. A nivel industrial, toda la familia de enseres eléctricos y de gas, como licuadora, horno, refrigerador, extractor, batidora, que llegaron para facilitar las tareas al reducir la cantidad de tiempo invertido en las cocinas.

El saber hacer en... los terruños

De herencia prehispánica, en México existe la milpa y la chinampa. La primera se ha definido como un sistema de producción alimentaria integral de policul-

tivo, en donde los ejes horizontal y vertical del terruño son aprovechados por igual. Los productos que debido a él se obtienen son ubicables durante todo el año, pues no sólo por frutos y vegetales estacionales se acude a la milpa, sino también para la recolección de flores, inflorescencias, quelites o insectos, así como para la cacería de animales del campo, como los roedores. Por tanto, a esta manera de producir se le atribuyen muchas cualidades ventajosas para los sistemas alimentarios y el respeto al medio ambiente. El segundo es la chinampa, islotes artificiales de tierra empleados para el cultivo con un rendimiento productivo significativo, donde los ahuejotes son su sostén. Otro tipo de terrenos son los destinados para monocultivos específicos, caso de los nopales o magueyes, que son patrimonios culturales tradicionales que poseen técnicas y métodos específicos. En los terruños de todo México también se llevan a cabo tareas de recolecta estacional. Asimismo, el método de roza-tumba y quema, que algunos sectores de la sociedad, preocupados por el medio ambiente, proponen sustituir paulatinamente por el de roza-tumba y pica, menos agresivo para el entorno y con mejores índices de productividad por la conservación del suelo. En suma, cada labor realizada en torno al saber hacer en los terruños es la que ha permitido una provisión suficiente y vasta para transformarla en los fogones.

El saber hacer en... las labores culinarias

¿Acaso es indistinto, para el sabor final, que un mole sea procesado en molcajete o licuadora? ¿O que una salsa se haga en metate o en procesador de alimentos? ¿Y qué hay de las combinaciones industriales de preparaciones, como los pipianes, las mezclas de especias, o del saber hacer empírico *versus* el saber estandarizado? En este punto es donde las querellas comienzan, pues la preferencia por los modos de cocinar y servir los alimentos son distintos de acuerdo con el género, la geografía, la edad, la profesión y el objetivo final de tales actividades.

De los métodos y técnicas culinarios, hay varios que surgieron en diversas zonas y momentos. Dentro del procesamiento de alimentos podemos mencionar a un gran grupo, que son los métodos y técnicas culinarias. Uno de ellos es el asado, que desde el periodo prehispánico se usa de diversas formas: al fuego directo, en comal, al rescoldo; asimismo, con diferentes tiempos de asado se pueden obtener tatemados o chamuscados. Un asado especial se propicia en ingredientes con un alto contenido de humedad que tienen la capacidad de reventar, como el amaranto y el maíz palomero. El hervido, que es un método también ubicuo como el asado, muy común en el procesamiento de ingredientes y productos, ha servido como base para caldos, sopas, potajes, moles y guisos. Al vapor, método también con base en agua como el hervido, pero con diferentes resultados, es base esencial para los tamales o los mixiotes. El horno bajo tierra, con variantes llamadas pib y barbacoa, es un método culinario específico que otorga características únicas a lo que en ellos se hornea. La fritura, que en México es posible debido a las grasas traídas por los castellanos, es ya tradicional en muchas cocinas de México.

Respecto a los grupos de preparaciones, existen varios que le dan sustento a México por su diversidad y ubicación en todo el territorio: moles, tamales, atoles, salsas y tortillas. Ellos componen las matrices culinarias de todas las culturas mexicanas. Otras preparaciones igual de importantes son los tacos, los caldos, las sopas, las bebidas, los guisados, las enchiladas, los chiles rellenos, los pozoles, los panes, los huevos, los postres y los dulces. Ya que esta lista es interminable, es pertinente apuntar que ha habido varias propuestas de clasificación del territorio mexicano de acuerdo con sus cocinas, y una de ellas fue elaborada por Guadalupe Pérez San Vicente. Distinguió tres regiones: la Cocina de aromas, correspondiente a la zona sur; la Cocina de asados, que es la zona norte, y la Cocina de los guisados, correspondiente a la zona centro. En ellas engloba las decenas de preparaciones identificables en cada una: moles de colores, chocolates, mucbipollos, carnes asadas, panes, zacahuiles, menudos, zarandeados, ceviches, carnitas, pollos de plaza, cajetas, mermeladas fiambres, compotas, quesadillas, huatapes, chilpacholes y muchos más. Que esta mención sirva para dar cuenta del amplio calidoscopio culinario mexicano.

Una veta indispensable a tratar en este apartado es la situación existente entre el saber hacer casero y el profesional. Frecuentemente contrapuestos y otras veces vistos como complementarios, es preciso decir que cada uno aporta lo suyo a la megadiversidad biocultural referente a la culinaria, y que en torno a ellos hace falta la construcción de más puentes que nos permitan apreciarlos como manifestaciones de un todo, que es indispensable cohesionar.

El saber hacer en... servir y consumir los alimentos

Una vez acopiados y procesados los ingredientes, llega la hora de servirlos y consumirlos. La ritualidad en estas labores está presente en cualquier cocina del mundo. En México, las preparaciones que son especiales, como los chiles en nogada, el bacalao a la vizcaína, los huauzontles o el pan de muerto, perderían mucho de su fortaleza si estuvieran disponibles todo el año. Hemos heredado los momentos y espacios que las culturas han dado al servicio y consumo de los alimentos, muchas veces sin razón justificada aparente, pero no por ello inválida, ya que ¿por qué en el centro de México la carnitas sólo se consumen por las mañanas y mediodía, y no por las noches? Quizá no sólo sea cuestión de deseos, sino también de pragmatismo. La creación de merenderos, cenadurías, pozolerías, antojerías, tamalerías, fondas, cevicherías, pulquerías, cantinas y muchos establecimientos más, han marcado nuestra forma de comer y beber de acuerdo con un ritmo especial, que es distintivo de los mexicanos. Los platillos se funden entonces con la religión, la ideología, la tierra, la geografía, la familia y la colectividad para ser consumidos en un acto de comunión con el pasado y el presente. Valga mencionar aquí la distinción entre los ambientes donde dinamizan los alimentos. Por ejemplo, los espacios urbanos o rurales, familiares o de restaurante, locales y nacionales, íntimos o colectivos, en los cuales se sirven y comen los alimentos de distinta forma.

Los legados

Uno de los muchos legados que existen de la culinaria mexicana son los documentos impresos. En ellos observamos, en papel, la manifestación de sus raíces. Su puesta en práctica tiene coordenadas diferentes de las del legado inmaterial, por ello, es importante delinear aquí algunas de sus principales incidencias.

Los primeros impresos culinarios en México fueron *El cocinero mexicano* y el *Novísimo Arte de Cocina o Excelente colección de las mejores recetas*. El primero esboza algunos de los ingredientes, preparaciones y formas de cocinar que el México de los años 30 del siglo XIX debía considerar en la consolidación de su identidad como país independiente. El otro impreso, el *Novísimo Arte de Cocina*, mostró una posición diferente respecto del *El cocinero mexicano*, pues no se halla en él mención destacable a algún indicio de algo que podría considerarse de raíces mexicanas. Ambos documentos son de importancia porque inauguraron una tradición de impresos culinarios en México, tanto de cocina local como foránea. Nos interesan documentos como el primero, pues en ellos podemos ubicar las directrices que sus autores y editores siguieron con respecto a qué debía ser lo mexicano.

El cocinero mexicano conservó su nombre hasta 1845, año en que fue modificado en su formato para ser publicado como *Diccionario de cocina o Nuevo cocinero mexicano en forma de diccionario*, y en 1858 ya se presentó sólo con el segundo nombre. Su último año de impresión se ha detectado en 1909; por tanto, este documento, con sus cambios y adaptaciones, estuvo permeando a la alta sociedad mexicana por casi 80 años, situación que lo convirtió en uno de los pilares para entender parte de la mexicanidad. Este referente culinario no fue el único, pues hubo otros, como *La cocinera poblana y el libro de las familias*, el primero que dedicó en 1872 un apartado especial a la cocina mexicana en donde enlistaba preparaciones propias del país, como moles, chiles, tamales, adobos y pulques. Siguiendo a José Luis Juárez López, hubo también personajes que con sus documentos, ideas o imágenes imprimieron carácter a las cocinas mexicanas, como Alejandro Pardo, Jules Gouffé, Agustín Aragón Leiva, Agapito Gómez Orta, Ireneo Paz, Ana María Hernández, Delfina Rodríguez, María Aguilar de Carbia (Marichu), Josefina Velázquez de León, María Elena Sodi de Pallares, y varios más. Ya en la segunda mitad del siglo XX, Virginia Rodríguez Rivera, María Elena Ocampo de Sanz, Salvador Novo, Amando Farga, Alberto Beltrán, entre otros. Varias de las directrices de la cocina mexicana que estos personajes crearon en sus documentos siguen vigentes, como las clasificaciones de la cocina mexicana, su historia, sus glorias nacionales, sus regionalismos, sus fortalezas, sus retos. Releer todos estos documentos a la luz de la situación actual en México, proporciona herramientas de acción y pensamiento que permite amalgamar el pasado con el presente al permitir el conocimiento de las improntas culinarias que hasta la actualidad conservamos.

Otro de los legados, diferente de los impresos culinarios, corresponde al inmaterial. Por ejemplo, la ritualidad en torno a la cocina es otra raíz viva y latente de las cocinas mexicanas. Todas las prácticas en torno a la colecta, procesamiento, servicio y consumo de los alimentos han sido heredados de forma tradicional, de madres a hijos, de padres a hijas, que le han dado vida a la cocina mexicana como conjunto. Destacables son las mayordomías por todo el país celebradas de acuerdo con el santo patrono de cada comunidad, en las cuales los festines copiosos de alimentos están siempre presentes. También, la distinción de los alimentos y preparaciones de acuerdo con la ocasión: cotidiana, festiva, medicinal, religiosa, que derivan en diferentes maneras de prepararlos y consumirlos a través de personajes designados para dicha labor por las comunidades y las familias. Las abuelas y abuelos, que son los puentes generacionales y guardianes de los conocimientos heredados, son personajes elementales en este vaivén de tradición y novedad en la cocina. Los secretos de las madres cocineras, de los cocineros, de los chefs, lo que se va aprendiendo de las amistades, todo ello se condensa en cada persona que se dedica, de forma cotidiana, ocasional o profesional a ejercer la labor culinaria en México.

Palabras finales

Este libro, *Grandes chefs mexicanos celebrando nuestras raíces,* une a 22 personalidades que nos ofrecen una de las tantas formas de hacer actualmente cocina mexicana celebrando nuestras raíces, las cuales se anclan en las cocinas tradicionales de México. Procedentes de diferentes regiones de México (Puebla, Tlaxcala, Yucatán, Estado de México, Coahuila, Oaxaca, Ciudad de México, Tabasco, Quintana Roo, Chiapas, Nayarit, Jalisco y Michoacán) estos cocineros recrean y crean sabores, mezclas, procesamientos y formas de servir los alimentos, de acuerdo con su visión personal. El lector hallará en sus recetas muchas pistas de las raíces en las cuales se inspiran a través de ingredientes mexicanos procesados de maneras novedosas, preparaciones revisitadas con su toque, o una fiel representación de los platillos de regiones tradicionales del país: ceviches, chiles rellenos, tamales, moles, sopas, tacos, conservas, aguachiles, chalupas, cremas, croquetas, gorditas y chilaquiles son algunos de los platillos que están presentes en este libro. Por si fuera poco, las deleitables fotografías son toda una invitación para internarse en la cocina para reproducir sus creaciones, y después, servir la mesa para unirnos en torno a los alimentos con quienes queremos.

Celebremos la megadiversidad biocultural mexicana cocinando; buscando los ingredientes que hayan sido obtenidos mediante procesos respetuosos con el medio ambiente y justos para sus productores y comercializadores; apoyando los productos y esfuerzos locales de la gente cercana a nuestro entorno; cuestionando prácticas e ideas que demeriten el legado del que somos partícipes y corresponsables; comprometiéndonos con una cocina mexicana diversa, incluyente, justa, deliciosa, sana y nutritiva, en pro de que ésta sea la palanca que detone cambios paulatinos pero significativos para considerarla una manifestación cultural con la potencia real de cambiar la realidad. Inspirémonos cocinando y comiendo, pues pocas maneras hay tan gozosas de incentivar la reflexión y el deleite.

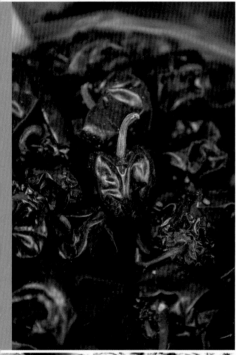

Bibliografía

Barros Cristina y Marco Buenrostro (selección y estudio preliminar), *La alimentación de los antiguos mexicanos*, UNAM, México, 2007.

Buenrostro, Marco y Cristina Barros, *La cocina prehispánica y colonial*, Consejo Nacional para la Cultura y las Artes, México, 2001.

Espinosa, D., S. Ocegueda *et al.*, "El conocimiento biogeográfico de las especies y su regionalización natural", en *Capital natural de México*, vol. I: Conocimiento actual de la biodiversidad, Conabio, México, 2008.

Juárez López, José Luis, *Nacionalismo culinario. La cocina mexicana en el siglo xx*, Consejo Nacional para la Cultura y las Artes, México, 2008.

_____, *Engranaje culinario. La cocina mexicana en el siglo xix*, México, Consejo Nacional para la Cultura y las Artes, 2012.

_____, *La cocina también es laberinto. Mujeres: génesis de una historia*, Ediciones Navarra, México, 2016.

Kato, T. A., C. Mapes *et al.*, *Origen y diversificación del maíz. Una revisión analítica*, Universidad Nacional Autónoma de México / Comisión Nacional para el Conocimiento y Uso de la Biodiversidad, México, 2009.

Llorente-Bousquets, J., y S. Ocegueda, "Estado del conocimiento de la biota", en *Capital natural de México*, vol. I: Conocimiento actual de la biodiversidad, Conabio, México, 2008.

Long-Solis, Janet, *Capsicum y cultura: la historia del chilli*, FCE, México, 2ª ed., 1998.

Muñoz Zurita, Ricardo, *Diccionario Enciclopédico de la Gastronomía Mexicana*, Larousse, México, 2012.

Navarrete Linares, Federico, *Los pueblos indígenas de México*, Comisión Nacional para el Desarrollo de los Pueblos Indígenas (CDI), México, 2008.

Pérez San Vicente, Guadalupe y Jorge Nacif Mina (compilador y coautor), *Charlas sobre Gastronomía Mexicana*, Archivo General de la Nación, México, 2000.

Romero Ramírez, Gustavo, "El cocinero mexicano. Acercamientos y resultados", en *Cuadernos de Nutrición*, mayo-junio de 2012.

Warman, Arturo, *Los indios mexicanos en el umbral del milenio*, FCE, México, 2003.

Referencias electrónicas

http://cuentame.inegi.org.mx/hipertexto/todas_lenguas.htm Consulta: 26 de junio de 2017.

http://www.biodiversidad.gob.mx/pais/conocimientoActual.html Consulta: 14 de julio de 2017.

http://www.biodiversidad.gob.mx/usos/alimentacion/chile.html Consulta: 15 de julio de 2017.

http://www.unep.org/es Consulta: 01 de julio de 2017.

https://www.gob.mx/gobmx/articulos/mexico-uno-de-los-paises-con-mayor-numero-de-lenguas-vivas Consulta: 01 de julio de 2017.

Sumario

30 ▬ Aquiles Chávez

42 ▬ Daniel Ovadía

54 ▬ Betty Vázquez

66 ▬ Edgar Núñez i Magaña

80 ▬ Gabriela Ruiz

92 ▬ Francisco Molina

104 ▬ Joaquín Cardoso / Sofía Cortina

118 ▬ Francisco Ruano

130 ▬ Lizette Galicia

142 ▬ Gerardo Vázquez Lugo

154 ▬ Lucero Soto

168 ▬ Jonatan Gómez Luna

180 ▬ Lula Martín del Campo

192 ▬ Jorge Vallejo

206 ▬ Marta Zepeda

218 ▬ Juan Cabrera

230 ▬ Regina Escalante

242 ▬ Juan Ramón Cárdenas

256 ▬ Reyna Mendoza

268 ▬ Pablo Salas

280 ▬ Roberto Solís

302 ▬ Glosario

304 ▬ Índices

Perseverancia gastronómica

Originario de la Ciudad de México, el chef Aquiles Chávez creció en Tabasco, donde encontró su amor por la cocina como él mismo cuenta: "comencé mi carrera de cocinero por otra de mis grandes pasiones: la música. Siendo adolescente tenía el sueño de adquirir una guitarra eléctrica; para comprarla, entré a trabajar en el verano de 1994 como cochambrero en un restaurante de Villahermosa. Fue ahí donde descubrí mi fascinación y posterior facilidad por la cocina".

Una vez comprada la guitarra, Aquiles decidió estudiar formalmente la profesión de cocinero. Regresó a su ciudad natal con el fin de estudiar en el Colegio Superior de Gastronomía (CSG), lugar al que regresa cada vez que le es posible, pues la academia y la enseñanza son otras dos de sus grandes pasiones. Una vez concluidos sus estudios, se estableció en Tabasco con el fin de inaugurar, en 2005, el restaurante LO, en Villahermosa.

Años más tarde, después de vivir un rotundo éxito como conductor en Utilísima, canal de televisión por cable, emigró con su esposa e hijos a la ciudad de Houston, Estados Unidos, para iniciar el trabajo de un nuevo restaurante al que llamó La Fisheria. Y como dicen que "la sangre llama", Aquiles regresó a México con el propósito de reencontrarse con el resto de su familia, con quienes comenzó a planear la apertura de un establecimiento que enmarcara su carrera en los fogones. Así, en 2016, fundó el restaurante Sotero, junto con su esposa Karla Bocanegra, su padre y su hermano, Víctor y Ulises Chávez.

Asimismo es autor del libro *La Cocina y las Locuras de Aquiles* y colaborador en el *Larousse del Tequila*. También ha participado como juez en la versión mexicana del programa *Top Chef México*. Su compromiso con el consumo sustentable de productos mexicanos y su filosofía de comercio justo, lo llevaron a crear la campaña nacional *#ComproLocalmente*. Ésta tiene el objetivo de ser una red de información que incluya datos utilitarios y de contacto de tianguis, mercados, productores locales y artesanales entre sus colegas de la industria hospitalaria.

Es así como Aquiles se enfoca en el estado de Hidalgo, un importante centro de producción de maíces criollos y cuna de la tradición del pulque, bebida ritual que ha trascendido a través del tiempo en México.

Croquetas de chapulines
y mayonesa de chile serrano con chapulines

Ingredientes para 5 porciones

Mayonesa
- 5 yemas
- 500 ml de aceite
- el jugo de 1 limón
- 50 g de chapulines tostados hechos polvo
- 1 chile serrano sin semillas ni venas, picado finamente
- sal al gusto

Croquetas
- 100 g de mantequilla
- 10 g de dientes de ajo picados finamente
- 250 g de cebolla picada finamente

- 350 g de harina de trigo
- 1 ℓ de leche
- 200 g de chapulines tostados y troceados
- sal al gusto
- 1 ℓ de aceite vegetal
- 3 huevos batidos ligeramente
- 250 g de pan molido
- hierbas frescas y flores comestibles, al gusto

Montaje
- chapulines enteros, al gusto
- hierbas frescas, al gusto

Procedimiento

Mayonesa
1. Mezcle ligeramente las yemas. Añádales el aceite en forma de hilo mientras bate la mezcla vigorosamente, hasta que obtenga una preparación espesa y de color amarillento.
2. Incorpore el jugo de limón y siga batiendo. Añada los chapulines en polvo, el chile y sal al gusto. Resérvela.

Croquetas
1. Sofría en la mantequilla el ajo y la cebolla. Añádales 100 gramos de harina, mezcle y cocine la preparación, moviéndola continuamente, durante 3 minutos o hasta que se dore ligeramente.
2. Añada a la preparación la leche en tandas, integrándola bien cada vez, hasta que obtenga una masa semisólida. Incorpore los chapulines troceados y añada sal al gusto. Refrigere la preparación durante 2 horas.
3. Precaliente el aceite vegetal. Forme con la preparación croquetas circulares del tamaño que desee.
4. Pase cada croqueta por la harina restante y huevo batido; empanícelas bien, y fríalas hasta que se doren.

Montaje
1. Sirva las croquetas colocando un poco de la mayonesa en los platos y las croquetas encima. Decore con los chapulines enteros y las hierbas frescas.

Chalupas de tuétano
con salsa verde de verdolagas y queso huasteco

Ingredientes para 5 porciones

Salsa verde de verdolagas
- 5 tomates verdes
- 2 chiles morita
- 100 g de verdolagas
- 2 dientes de ajo asados
- 250 g de cebolla asada
- sal al gusto

Chalupas
- 10 tortillas taqueras
- cantidad suficiente de aceite para freír las tortillas
- 50 g de queso huasteco rallado
- 100 g de cebolla fileteada
- chile serrano cortado en rodajas, al gusto
- cilantro criollo, al gusto
- 5 tuétanos rostizados
- gajos de cebolla cambray asados, al gusto
- flores comestibles, al gusto

Procedimiento

Salsa verde de verdolagas
1. Ponga a hervir en agua los tomates hasta que estén suaves. Retírelos del agua y resérvelos.
2. Blanquee los chiles y las verdolagas en el agua donde coció los tomates; reserve la mitad de las verdolagas y licue la otra mitad con los tomates, los dientes de ajo, la cebolla y sal al gusto. Mezcle la salsa con las verdolagas enteras y reserve la salsa.

Chalupas
1. Fría ligeramente las tortillas en el aceite, asegurándose de que queden suaves. Escúrrales el exceso de aceite.
2. Arme las chalupas colocando en cada una un poco de salsa de verdolagas, queso huasteco, cebolla fileteada, rodajas de chile serrano, cilantro criollo y 1 tuétano. Acompañe con los gajos de cebolla cambray y decore con las flores.

Tlacoyo de masa azul con frijol y short rib,
espeso de mole de olla, cremoso de calabaza y puré de esquites

Ingredientes para 5 porciones

Short rib
- 1 kg de *short rib*
- verduras mixtas aromáticas, al gusto (cebolla, zanahoria, apio, poro)

Tlacoyo
- 500 g de masa de maíz azul nixtamalizado
- 100 g de frijoles refritos
- 25 g de hojas de epazote picadas

Cremoso de calabaza de Castilla
- 500 g de calabaza de Castilla troceada
- 250 g de mantequilla
- 50 g de cebolla picada finamente
- 2 dientes de ajo picados finamente
- 20 g de hojas de epazote
- 100 ml de crema para batir
- sal al gusto

Puré de esquites
- 100 g de mantequilla
- 50 g de cebolla picada finamente
- 2 dientes de ajo picados finamente
- 1 chile serrano sin venas ni semillas, picado finamente
- 10 g de hojas de epazote picadas finamente
- 250 g de granos de elote cocidos
- 200 ml de crema para batir
- sal al gusto

Espeso de mole de olla
- 250 g de jitomates
- 50 g de cebolla
- 3 dientes de ajo
- 2 xoconostles
- 3 chiles pasilla
- 3 chiles anchos
- 100 g de manteca de cerdo

Montaje
- cebolla morada fileteada, al gusto
- rodajas de chile serrano, al gusto
- 100 ml de crema de rancho
- 50 g de queso Cotija
- hojas de cilantro criollo, al gusto

Procedimiento

Short rib
1. Precaliente el horno a 110 °C.
2. Coloque la carne en un recipiente que pueda introducir al horno y añádale las verduras y el agua suficiente para cubrir todos los ingredientes. Hornee la preparación durante 16 horas o hasta que la carne esté suave.

Tlacoyo
1. Mezcle la masa de maíz con un poco de agua para suavizarla.
2. Incorpore los frijoles refritos con el epazote.
3. Forme con la masa porciones ovoides, introdúzcales a lo largo del centro un poco de frijoles y forme los tlacoyos, aplanándolos con las manos. Ase los tlacoyos por ambos lados sobre un comal o sartén hasta que estén cocidos por dentro y se doren por fuera. Resérvelos.

Cremoso de calabaza de Castilla
1. Retire a los trozos de calabaza la cáscara y las semillas si tuvieran. Corte la pulpa en trozos pequeños.
2. Sofría en la mantequilla la cebolla y el ajo. Añádales los trozos de calabaza, el epazote y la crema. Deje que la preparación hierva durante 30 minutos a fuego bajo.
3. Licue los ingredientes hasta obtener una pasta cremosa. Añádale sal al gusto y resérvela.

Puré de esquites
1. Sofría en la mantequilla la cebolla y el ajo. Añádales el chile y el epazote y sofría un par de minutos más.
2. Incorpore los granos de elote y la crema para batir. Cuando hierva, retire la preparación del fuego. Lícuela y añádale sal al gusto.

Espeso de mole de olla
1. Ase todos los ingredientes, excepto la manteca de cerdo, sin que se quemen.
2. Retire la cáscara a los xoconostles así como las semillas, y lícuelos con el resto de los ingredientes asados.
3. Ponga sobre el fuego un sartén con la manteca de cerdo. Cuando se caliente, vierta en ella el molido y deje que se cocine hasta que se espese. Añádale sal al gusto y resérvelo.

Montaje
1. Distribuya en platos un poco del cremoso de calabaza de Castilla y de puré de esquites; decore el primero con cebolla morada fileteada y el segundo con rodajas de chile serrano. Sirva el espeso de mole de olla, encima los tlacoyos y trozos de *short rib*. Acompañe con la crema y el queso Cotija, y decore con el cilantro.

Calabacitas rellenas

Ingredientes para 5 porciones

Salsa verde
- 60 g de cebolla
- 1 diente de ajo
- 400 g de tomates verdes
- 3 ramas de cilantro
- ½ chile serrano
- sal al gusto
- aceite de maíz, al gusto

Calabacitas
- 5 calabacitas largas
- 200 g de mantequilla
- 50 g de cebolla picada finamente
- 50 g de hongos de milpa picados finamente
- 20 g de quelites de temporada picados finamente
- 20 g de flores de calabaza picadas finamente
- 20 g de tomatillos milperos picados finamente
- 100 g de requesón
- sal al gusto
- 20 g de chícharos cocidos
- rodajas de chile serrano al gusto
- hojas de cilantro al gusto
- flores comestibles, al gusto

Procedimiento

Salsa verde
1. Licue todos los ingredientes excepto el aceite.
2. Ponga sobre el fuego el aceite; cuando se caliente, vierta en él la salsa y deje que se cocine durante un par de minutos. Rectifique la sazón y reserve.

Calabacitas
1. Corte las calabacitas por la mitad a lo largo. Extráigales las semillas y resérvelas.
2. Saltee en la mantequilla la cebolla. Añada las semillas de las calabacitas, los hongos, las flores de calabaza y los tomatillos, y saltee durante unos minutos más, hasta que todos los ingredientes se suavicen y se haya evaporado gran parte del líquido. Añada al salteado sal al gusto y retírelo del fuego.
3. Parrille las mitades de calabacita. Rellene unas mitades con el salteado y otras con el requesón mezclado con un poco de sal; o bien, mezcle ambos. Sirva con la salsa y decore con los chícharos cocidos, las rodajas de chile serrano, las hojas de cilantro y las flores.

Volcán de pinole
con polvo de gordita de nata y helado de requesón

Ingredientes para 5 porciones

Volcán
- 200 g de mantequilla
- 200 g de cajeta de cabra
- 4 yemas
- 200 g de azúcar glass
- 250 g de pinole
- cantidad suficiente de cocoa

Polvo de gordita de nata
- 300 ml de leche condensada
- 1¼ tazas de nata
- 2 cucharadas de extracto de vainilla
- 3 huevos
- 4½ tazas de harina cernida
- 3 cucharadas de polvo para hornear cernido

Helado de requesón
- 600 ml de leche
- 100 g de azúcar
- 2 cucharadas de extracto de vainilla
- 6 yemas
- 200 g de requesón

Montaje
- flores comestibles, al gusto
- coco rallado, al gusto

Procedimiento

Volcán
1. Funda la mantequilla con la cajeta.
2. Blanquee las yemas con el azúcar glass. Incorpóreles el pinole con movimientos envolventes.
3. Combine con movimientos envolventes la mezcla de mantequilla y cajeta con la de yemas.
4. Engrase con mantequilla las flaneras o los moldes en forma de volcán y espolvoréeles cocoa. Distribuya en ellos la mezcla anterior y déjelos reposar en refrigeración durante 1 hora como mínimo.
5. Precaliente el horno a 190 °C. Hornee los volcanes durante 15 minutos. Déjelos entibiar, desmóldelos y resérvelos.

Polvo de gordita de nata
1. Bata la leche condensada con la nata, el extracto de vainilla y los huevos.
2. Mezcle la harina con el polvo para hornear.
3. Añada al batido anterior, por partes, la mezcla de harina con polvo para hornear hasta que obtenga una masa homogénea.
4. Extienda en una superficie enharinada la masa hasta que obtenga 5 milímetros de espesor. Corte gorditas en ella y áselas sobre un comal hasta que se doren por ambos lados y estén bien cocidas por dentro.
5. Deje reposar las gorditas durante 1 día hasta que se sequen. Licúelas hasta hacerlas polvo y reserve.

Helado de requesón
1. Hierva la leche con el azúcar y el extracto de vainilla.
2. Añada a la leche caliente las yemas, una por una, mezclando bien entre cada adición, hasta que la preparación tenga un color amarillento. Incorpore el requesón y deje enfriar.
3. Turbine la mezcla en Pacojet® a –27 °C.

Montaje
1. Sirva el volcán de pinole en platos con el polvo de gordita de nata y una *quenelle* de helado de requesón. Decore con las flores y el coco rallado.

Entre fogones e investigación culinaria

Originario de la Ciudad de México, el chef Daniel Ovadía ha sido reconocido durante años como uno de los más grandes talentos jóvenes de la cocina mexicana. Asegura que: "Tenemos que entender que la cocina mexicana es producto de un mestizaje gastronómico mundial, es hora de experimentar y de atrevernos a innovar en los sabores, la tradición se va construyendo todos los días".

Hoy, convertido en un reconocido restaurantero, Ovadía es un claro referente de la investigación culinaria entre cocineros. Esto se vio reflejado en el otrora famoso restaurante Paxia donde, cada vez que presentaba un nuevo menú, formaba un equipo multidisciplinario de investigación integrado por académicos, cocineras tradicionales, productores y personajes más allá del tema culinario, como artesanos locales, pintores, e incluso a los patriarcas de las tradiciones que enmarcaba en dichos menús degustación.

Fue de los primeros en investigar sobre las tradiciones culinarias en el estado de Tlaxcala, o en demarcaciones, como Milpa Alta y Xochimilco, en la Ciudad de México. Su cocina pronto incorporó mucho de la herbolaria tradicional mexicana, así como un sinnúmero de maíces criollos, quelites, frijoles y elementos de la milpa aledaña a la megalópolis.

Hace algunos años enmarcó una década de trabajos gastronómicos con la publicación del libro *La cocina de Daniel Ovadía*, trabajo editorial que se cocinó durante tres años y que, hasta ese entonces, reunió la historia y trayectoria de Daniel en la cocina mexicana. En 2016 se hizo acreedor del premio al Mérito Empresarial Restaurantero en la categoría "Joven Empresario Restaurantero", entregado por la Cámara Nacional de la Industria de Restaurantes y Alimentos Condimentados (CANIRAC). Éste remarcó no sólo su talento como cocinero, sino también como restaurantero consolidado.

En la actualidad está al frente del grupo restaurantero Bull&Tank, junto a su socio, el también cocinero Salvador Orozco, con quien ha desarrollado una interesante paleta de conceptos culinarios, desde un extraordinario restaurante de sabores israelíes, Merkavá, producto de su herencia familiar; hasta una cadena de restaurantes con cocina confortable al interior de conceptos de diversión familiar en la Ciudad de México.

Para este libro, Daniel propone la creación de sabores basados en la tradición de los ingredientes del campo mexicano a los que se les imprimen los sabores de todas las cocinas que nos han influenciado a través de la historia, poniendo énfasis en las cocinas asiáticas.

Gordita de huitlacoche,
alverjón, salsa de tuna verde, chipotle, epazote y queso fresco

Ingredientes para 4 porciones

Salsa de tuna verde
- 100 g de tomates verdes
- 100 g de tuna verde
- 1 chile chipotle adobado
- 30 g de aguacate
- 5 g de cilantro
- 25 g de cebolla
- 5 g de ajo
- sal al gusto

Alverjón preparado
- 125 g de alverjón remojado desde la noche anterior
- 6 g de perejil
- 6 g de cilantro
- 6 g de ajo
- 6 g de comino molido
- sal y pimienta negra recién molida, al gusto

Gorditas de alverjón
- 250 g de masa de maíz nixtamalizado
- cantidad suficiente de agua
- sal al gusto
- 500 ml de aceite

Montaje
- 30 g de queso fresco
- 4 hojas de epazote fritas

Procedimiento

Salsa de tuna verde
1. Licue todos los ingredientes y reserve la salsa.

Alverjón preparado
1. Muela en un procesador manual todos los ingredientes hasta obtener una preparación homogénea. Resérvela.

Gorditas de alverjón
1. Amase la masa con el agua, así como con sal al gusto, para obtener una preparación manejable y tersa.
2. Precaliente el aceite. Divida la masa en esferas de 6 centímetros de diámetro aproximadamente. Hágales un hueco en el centro, rellénelo con el alverjón preparado y forme gorditas con ellas. Fríalas y conforme las vaya sacando del aceite, colóquelas sobre papel absorbente para retirarles el exceso de grasa.

Montaje
1. Vierta en platos la salsa de tuna verde. Coloque al centro las gorditas y sírvalas con el queso fresco y las hojas de epazote fritas.

Venado en costra de chiles secos,
ensaladita tibia de frijol y nopales con aceite de oliva de Tulyehualco

Ingredientes para 4 porciones

Venado
- 20 g de ajo
- 50 g de cebolla
- 100 ml de aceite de oliva de Tulyehualco
- 5 g de hojas de romero
- sal y pimienta al gusto
- 500 g de filete de venado

Costra de tres chiles
- 40 ml de aceite
- 3 chiles anchos sin venas ni semillas
- 3 chiles guajillo sin venas ni semillas
- 3 chiles pasilla sin venas ni semillas
- 90 g de panko

Ensaladita tibia
- 50 g de cebolla morada cortada en *brunoise*
- 75 g de jitomate escalfado cortado en *brunoise*
- 25 g de hojas de cilantro picadas finamente
- 1 cucharadita de orégano seco triturado
- 30 ml de vinagre de manzana
- 40 ml de aceite de oliva de Tulyehualco
- sal y pimienta al gusto
- 500 g de nopales cocidos cortados en *brunoise*
- 100 g de frijoles negros cocidos

Montaje
- cantidad suficiente de aceite de Tulyehualco
- jitomates uva cortados por la mitad
- cebollas cambray cortadas por la mitad y asadas, al gusto
- brotes diversos, al gusto

Procedimiento

Venado
1. Licue todos los ingredientes excepto los filetes de venado. Incorpore al molido los filetes de venado y déjelos reposar en refrigeración durante 12 horas.

Costra de tres chiles
1. Coloque el aceite sobre el fuego y sofría en él los chiles. Escúrralos del aceite y lícuelos hasta obtener una pasta. Añada el panko y reserve.

Ensaladita tibia
1. Mezcle todos los ingredientes, excepto los nopales y los frijoles. Reserve.

Montaje
1. Empanice el venado con la costra de tres chiles. Coloque un poco de aceite sobre el fuego y selle en él los filetes de venado.
2. Caliente los nopales y los frijoles de la ensaladita tibia y mézclelos con el resto de los ingredientes de ésta.
3. Corte en trozos los filetes y sírvalos con la ensaladita. Decore con los jitomates uva, las cebollas cambray, los brotes y un poco del aceite donde frió el venado.

Sopa de alcachofa, corazones y tallos de alcachofa,
huevo de codorniz, pistache, guías de calabaza y nopalitos

Ingredientes para 4 porciones

Sopa

- 3 ℓ de agua
- 5 alcachofas frescas
- 150 g de guías de flor de calabaza
- 150 g de nopalitos cortados al gusto
- 500 g de crema para batir
- sal al gusto
- 300 g de pistache

Huevos de codorniz

- 250 ml de agua
- 100 ml de vinagre blanco
- 4 huevos de codorniz
- 30 g de polvo de tortillas

Montaje

- 100 ml de crema batida, sin azúcar
- 50 g de polvo de pistache
- 3 tallos de alcachofa cocidos
- 1 alcachofa frita
- 24 pistaches enteros
- 20 ml de crema ácida
- brotes de cilantro, al gusto
- nopales hervidos, al gusto

Procedimiento

Sopa

1. Hierva en el agua las alcachofas durante 1 hora 30 minutos. Lícuelas muy bien con todo y hojas y cuélelas.
2. Coloque sobre el fuego el molido de alcachofas y añádale las guías de flor de calabaza y los nopalitos. Cuando hierva, agregue los pistaches y licue esta mezcla. Regrésela al fuego. Cuando hierva, tempere la crema para batir y añádala junto con sal al gusto. Antes de que la sopa hierva nuevamente, retírela del fuego. Resérvela.

Huevos de codorniz

1. Ponga sobre el fuego el agua con el vinagre. Cuando hiervan, sumerja los huevos y deje que se cuezan durante 3 minutos. Retírelos del agua con vinagre y sumérjalos en agua fría con hielos. Quíteles el cascarón y espolvoréelos con polvo de tortilla. Resérvelos.

Montaje

1. Coloque en platos hondos un círculo de crema batida y espolvoree el polvo de pistache.
2. Distribuya dentro del círculo, de forma armónica, los tallos de alcachofa, la alcachofa frita, los pistaches, los huevos de codorniz y gotas de crema ácida. Decore con los brotes de cilantro y los nopales, y vierta la sopa en los platos.

Enchiladas de conejo
emborrachadas con pulque

Ingredientes para 4 porciones

Conejo
- 40 g de ajo picado finamente
- 100 g de cebolla picada finamente
- 5 g de orégano
- 20 ml de aceite de oliva
- sal y pimienta al gusto
- 1 conejo entero, sin cabeza ni vísceras

Salsa emborrachada
- 2 chiles anchos sin venas ni semillas, asados ligeramente
- 2 chiles mulatos sin venas ni semillas, asados ligeramente
- 2 chiles pasillas sin venas ni semillas, asados ligeramente
- 150 g de cebolla troceada + 2 rebanadas
- 30 g de ajo
- 80 g de tomate verde
- 100 g de queso añejo
- 40 ml de crema ácida
- ½ cucharada de azúcar
- 3 clavos
- sal y pimienta al gusto
- 1 cucharadita de aceite
- 1 taza de pulque

Cebolla frita
- 150 g de cebolla rebanada finamente
- 20 ml de jugo de limón
- cantidad suficiente de aceite
- ½ taza de harina de maíz nixtamalizado

Enchiladas
- 100 ml de aceite
- 12 tortillas de maíz
- crema ácida, al gusto
- queso de morral al gusto
- quelites al gusto

Procedimiento

Conejo
1. Mezcle todos los ingredientes, excepto el conejo, y úntelos en este último. Deje que se marine en refrigeración durante 12 horas.
2. Precaliente el horno a 180 °C. Cuando esté a la temperatura adecuada, hornee el conejo durante 1 hora. Sáquelo del horno y déjelo entibiar.
3. Deshebre la carne de conejo y sofríala en aceite con cebolla. Resérvela.

Salsa emborrachada
1. Hidrate los chiles en suficiente agua caliente durante 30 minutos.
2. Licue los chiles con 1 taza del agua donde se remojaron, la cebolla troceada, el ajo, el tomate verde, el queso, la crema ácida, el azúcar, los clavos y sal y pimienta al gusto.
3. Sofría en el aceite las rebanadas de cebolla y añádales la salsa junto con el pulque. Deje que se cocine a fuego bajo hasta que se espese ligeramente. Rectifique la sazón y reserve.

Cebolla frita
1. Marine la cebolla en el jugo de limón durante algunos minutos.
2. Precaliente el aceite. Enharine la cebolla con la harina de maíz y fríala hasta que se dore. Resérvela.

Enchiladas
1. Ponga el aceite sobre fuego medio. Cuando esté caliente, fría ligeramente en él las tortillas, sin que queden duras.
2. Distribuya la carne de conejo en las tortillas y enrolle cada una sobre sí misma.
3. Coloque en platos un espejo de salsa emborrachada y encima las enchiladas. Báñelas con salsa emborrachada y sirva con la crema, queso de morral y las cebollas fritas. Decore con los quelites.

Necuatole, calabaza de Castilla, tequesquite,
naranja, piloncillo, amaranto, helado de crema ácida y sal de pepita

Ingredientes para 4 porciones

Necuatole
- 30 g de tequesquite
- 10 g de anís estrella
- la cáscara de 1 naranja
- 400 g de piloncillo
- 1 kg de calabaza de Castilla
- 100 g de mantequilla

Sal de pepita
- 70 g de pepita de calabaza con cáscara
- 30 g de sal

Crocante de pepita
- 20 g de mantequilla
- 40 g de harina de trigo
- 30 ml de jugo de naranja
- 20 g de azúcar
- 50 g de pepita de calabaza sin cáscara

Helado de crema ácida
- 100 g de crema para batir
- 250 g de crema ácida
- 1 vaina de vainilla
- 40 g de estabilizante para helado
- el jugo de 1 limón

Flor de calabaza cristalizada
- 10 flores de calabaza
- 1 clara
- 50 g de azúcar glass

Montaje
- 1 oblea de amaranto

Procedimiento

Necuatole
1. Diluya el tequesquite en 3 litros de agua. Deje reposar el agua, decántela y deseche el asiento de tequesquite.
2. Añada al agua de tequesquite el anís, la cáscara de naranja, el piloncillo, la calabaza y 2 litros más de agua. Coloque la preparación sobre el fuego y deje que hierva durante 45 minutos. Saque la calabaza del agua, córtela en cubos y resérvela. Coloque sobre el fuego el agua de cocción y deje que se reduzca en un 80 % del volumen original. Añádale la mantequilla y reserve este jugo de cocción.

Sal de pepita
1. Tueste la pepita y licuela con sal. Reserve.

Crocante de pepita
1. Mezcle todos los ingredientes, excepto la pepita de calabaza. Deje que reposen en refrigeración durante 1 día.
2. Precaliente el horno a 170 °C. Extienda la mezcla sobre un tapete de silicón y espolvoree las pepitas tostadas. Hornee durante 5 minutos.

Helado de crema ácida
1. Caliente la crema y agréguele todos los ingredientes. Deje que la mezcla se enfríe e introdúzcala al congelador. Cuando esté congelada, procésela en una máquina para helados, una licuadora potente o mediante el método de garrafa.

Flor de calabaza cristalizada
1. Precaliente el horno a 90 °C. Abra las flores, retíreles el centro y extiéndalas sobre un tapete de silicón. Barnícelas con la clara, espolvoréeles el azúcar glass, cúbralas con otro tapete de silicón y hornéelas durante 1 hora.

Montaje
1. Sirva los trozos de calabaza con el jugo de cocción, la sal de pepita, el crocante, el helado y la flor de calabaza cristalizada. Decore con la oblea.

La chef viajera

Hablar de Betty Vázquez es referirnos a una de las grandes embajadoras de la cocina mexicana en el mundo. Durante años ha representado a su estado, Nayarit, y al exitoso producto turístico estatal: Riviera Nayarit, en congresos y muestras culinarias a nivel internacional. Su amor por la gastronomía empezó en la cocina de su abuela, quien le inculcó el valor por los ingredientes de esta tierra.

Heredera de la tradición hotelera de su familia, Betty se formó académicamente en la escuela Le Cordon Bleu, en París, Francia. Es chef propietaria del restaurante El Delfín, ubicado al interior del Hotel Garza Canela, enclavado en el histórico puerto de San Blas, en la Riviera Nayarit. En los últimos años el restaurante ha formado parte de la Guía México Gastronómico Culinaria Mexicana, S. Pellegrino®, Nespresso®, que reúne a los 120 mejores restaurantes del país.

Fue la primera cocinera nayarita en dar a conocer los sabores de dicho estado del Pacífico en la Ciudad de México, cuando a finales de los años noventa era invitada a realizar festivales sobre la región en el restaurante Estoril. Durante las últimas décadas ha encontrado un justo equilibrio entre su papel como cocinera del hotel familiar y el desarrollo de conferencias para dar a conocer los sabores nayaritas. Su marca y lema de vida es: "Con Sabor a Mar", el cual imprime en todo lo que crea.

Investigadora y estudiosa de sus raíces, ha tenido participación en gran parte de los medios de comunicación gastronómica de México y en reconocidas revistas en España, Francia y Estados Unidos. Debido a su carácter siempre afable y a su formación como maestra de cocina, fue invitada a formar parte del panel de jurados en la emisión de la versión mexicana del famoso programa de concursos culinarios *MasterChef* México, que durante varias temporadas ha triunfado cada domingo en la televisión abierta nacional.

Ceviche de pescado con miltomate,
chile serrano, cilantro y albahaca

Ingredientes para 10 porciones

Ceviche
- 1 taza de jugo de limón
- $\frac{1}{3}$ de taza de aceite de oliva
- 2 chiles serranos sin semillas
- $\frac{1}{2}$ taza de cebolla picada
- 1 taza de miltomates troceados
- $\frac{1}{3}$ de taza de cáscara de pepino con poca carne y sin semillas, picada
- $\frac{1}{2}$ taza de hojas de cilantro
- $\frac{1}{3}$ de taza de hojas de albahaca
- 1 kg de filete de pescado fresco cortado en láminas

Montaje
- tostadas raspadas, al gusto
- 2 cucharadas soperas de sal de mar
- flores y botones de flor de mayo o flor corpeña, al gusto
- hojas de cilantro, al gusto

Procedimiento

Ceviche
1. Licue todos los ingredientes, excepto el pescado, hasta que obtenga una pasta semilíquida. Cinco minutos antes de que sirva el ceviche, mezcle el molido de ingredientes con el pescado.

Montaje
1. Sirva con las tostadas raspadas y espolvoree con la sal de mar. Decore con las hojas de cilantro y las flores y botones de flor de mayo.

Carpaccio de calabaza de buche de la costa nayarita,
esquites de elote de Jala, pepitas de calabaza y aderezo de chile de árbol

Ingredientes para 10 porciones

Esquites de elote de Jala
- 3 cucharadas de aceite de oliva
- los granos de 3 elotes tiernos de Jala
- 1 taza de cebolla picada
- 1 diente de ajo picado
- 3 jitomates picados
- 1 chile serrano sin semillas, picado
- 1 cucharada de sal de mar
- 1 taza de agua
- 1 taza de hojas de cilantro picadas

Aderezo de chile de árbol
- 3 chiles de árbol tostados
- ¼ de taza de jugo de limón
- ¼ de taza de jugo de naranja
- 1 cucharada de sal de mar
- ½ taza de aceite de oliva
- 1 cucharadita de orégano seco
- 3 cucharadas de perejil picado finamente

Montaje
- 2 calabazas de buche medianas
- ½ taza de pepitas de calabaza tostadas, picadas toscamente
- sal de grano al gusto
- flores de buganvilla al gusto
- brotes comestibles, al gusto

Procedimiento

Esquites de elote de Jala
1. Sofría en el aceite de oliva los granos de elote durante 1 minuto. Añádales la cebolla y el ajo y sofríalos un par de minutos. Agregue el jitomate, el chile y la sal de mar; sofría durante 1 minuto más y vierta el agua. Deje que la preparación se cueza hasta que toda el agua se haya evaporado. Añada el cilantro y retire la preparación del fuego. Reserve.

Aderezo de chile de árbol
1. Licue los chiles con los jugos de limón y naranja y la sal de mar. Sin dejar de licuar, añada el aceite de oliva. Fuera de la licuadora incorpore el orégano seco y el perejil. Reserve.

Montaje
1. Corte las calabazas en rodajas finas. Distribúyalas en platos en forma circular y traslapadas. Coloque en el centro un poco de los esquites de elote y sirva con el aderezo. Espolvoree las pepitas y la sal de grano, y decore con las flores y los brotes.

La calabaza de buche es el nombre popular para una variedad de
Cucurbita moschata que crece en las zonas costeras de Nayarit.
Se caracteriza por su cuello alargado.

Crema de chile poblano con elote,
camarón y queso seco de la Sierra del Nayar

Ingredientes para 10 porciones

Crema
- 8 cucharadas de aceite de oliva
- 50 g de mantequilla sin sal
- 1 taza de cebolla fileteada
- ½ cucharada de ajo picado
- 4 tazas de granos de elote fresco (reserve los olotes)
- 1 ℓ de agua
- 1 ℓ de consomé de pollo
- ½ taza de queso seco de la Sierra del Nayar
- 1 taza de crema para batir
- 5 chiles poblanos medianos asados, pelados, sin semillas ni venas
- 500 g de camarón sin cabeza, pelado, sin vísceras y troceado
- sal y pimienta al gusto

Montaje
- 10 tiras de tocino bien frito y troceado
- ⅓ de taza de queso seco de la Sierra del Nayar desmoronado
- hojas de perejil al gusto
- aceite de oliva al gusto

Procedimiento

Crema
1. Coloque sobre el fuego un sartén con 5 cucharadas de aceite de oliva y la mantequilla. Cuando estén calientes, saltee en ellos la cebolla y el ajo durante algunos minutos. Añádales los granos de elote y deje que se cocinen por 5 minutos.
2. Añada a la preparación anterior los olotes, el agua y el consomé de pollo; deje que hierva durante 15 minutos. Agregue el queso seco, la crema y sal y pimienta al gusto. Cuando hierva nuevamente, añada los chiles poblanos. Deje que todo hierva un par de minutos más y retire la preparación del fuego. Deje que se entibie y deseche los olotes.
3. Licue la preparación y cuélela. Rectifique la sazón y resérvela.
4. Salpimiente los camarones y saltéelos en las 3 cucharadas de aceite de oliva restantes. Agréguelos a la sopa.

Montaje
1. Sirva la crema con el tocino y el queso. Decore con las hojas de perejil y rocíe un poco de aceite de oliva.

El queso seco de la Sierra del Nayar se elabora con leche de vaca. Se deja orear
y añejar hasta que adquiere una consistencia similar al queso Cotija joven,
o si es por más tiempo, similar a un queso parmesano.

Pescado en salsa de jitomate asado
con cacahuate y arroz con esquites tiernos con epazote

Ingredientes para 10 porciones

Salsa de jitomate asado
- 5 jitomates medianos
- 12 tomatillos verdes
- 1 cebolla grande
- 3 dientes de ajo
- 20 chiles guajillo sin venas ni semillas
- 2 tazas de ajonjolí
- 1 taza de cacahuate
- 10 cm de canela en raja
- 5 clavos
- 4 tazas de consomé de pescado
- 3 cucharadas de aceite de oliva
- sal de mar al gusto

Arroz con esquites tiernos con epazote
- 2 cucharadas de aceite de oliva
- 1 taza de arroz Morelos
- 4 elotes tiernos desgranados
- 1/3 de taza de cebolla picada
- 5 tazas de agua
- sal al gusto
- 3 cucharadas de mantequilla
- 10 hojas medianas de epazote picadas finamente

Montaje
- 10 filetes de pescado de 180 g c/u aprox.
- sal y pimienta al gusto
- aceite de oliva al gusto
- hojas de epazote fritas, al gusto
- juliana de tortillas fritas, al gusto

Procedimiento

Salsa de jitomate asado
1. Precaliente el horno a 180 °C y hornee por separado los jitomates, los tomatillos, la cebolla, los dientes de ajo, los chiles guajillo, el ajonjolí y el cacahuate. Vaya sacando del horno los ingredientes conforme se vayan asando y dorando.
2. Coloque sobre el fuego el consomé y añádale la canela, los clavos y todos los ingredientes asados. Deje que hierva durante 30 minutos y retire la preparación del fuego. Cuando se entibie, lícuela hasta obtener una salsa tersa.
3. Coloque sobre el fuego un sartén con el aceite; cuando se caliente, añádale la salsa y deje que se cocine durante 20 minutos. Añada sal al gusto y reserve.

Arroz con esquites tiernos con epazote
1. Sofría en el aceite el arroz durante un par de minutos. Añádale los granos de elote y la cebolla, y continúe sofriendo hasta que esta última se acitrone. Añada el agua y sal al gusto y deje que el arroz se cocine hasta que toda el agua se evapore. Cerciórese que los granos de elote estén cocidos y déjelo entibiar. Incorpórele delicadamente la mantequilla y las hojas de epazote y resérvelo.

Montaje
1. Precaliente el horno a 180 °C.
2. Salpimiente los filetes de pescado y séllelos con aceite de oliva sin cocinarlos por completo. Hornéelos durante 10 minutos.
3. Distribuya en platos la salsa y encima coloque el arroz y los filetes de pescado. Decore con las hojas de epazote y las julianas de tortilla.

Variaciones sobre un mismo tema: maíz

Ingredientes para 10 porciones

Tamales
- 6 tazas de granos de elote fresco recién desgranado (reserve las hojas)
- ½ taza de leche
- 10 cm de raja de canela
- 1 taza de azúcar
- 150 g de mantequilla fundida
- ½ cucharadita de polvo para hornear
- 1 pizca de sal

Helado de elote y vainilla
- 1 ℓ de leche
- 1½ tazas de granos de elote
- 1 vaina de vainilla
- 1 ℓ de crema para batir
- 5 yemas
- 300 g de azúcar

Pinole
- 500 g de maíz azul seco
- 1 raja de canela
- 200 g de piloncillo

Montaje
- flores comestibles, al gusto
- hojas de hierbabuena
- rajas de canela al gusto

Procedimiento

Tamales
1. Precaliente agua en una vaporera.
2. Licue poco a poco los granos de elote con la leche, la canela y el azúcar. Fuera de la licuadora, incorpórele la mantequilla, el polvo para hornear y la sal.
3. Distribuya la mezcla anterior en las hojas de elote que reservó y ciérrelas, dándoles forma de tamal. Cocínelos en la vaporera durante 50 minutos. Déjelos reposar algunos minutos dentro de la vaporera antes de servirlos.

Helado de elote y vainilla
1. Licue la leche con los granos de elote. Corte por la mitad a lo largo la vaina de vainilla, raspe el interior con un cuchillo y añádalo, junto con la vaina, al molido de elote. Coloque éste sobre el fuego y deje que se cueza, sin que hierva y moviéndolo continuamente, durante 20 minutos.
2. Añada a la preparación la crema para batir y manténgala sobre el fuego sin que hierva. Mientras, bata vigorosamente las yemas con el azúcar hasta que adquieran un color amarillo pálido y el azúcar se haya disuelto. Añádalas a la preparación de elote y cuézala, sin que hierva y moviéndola continuamente, durante 30 minutos o hasta que el sabor de las yemas ya no se perciba. Retírela del fuego y déjela enfriar.
3. Procese la preparación en una máquina para helados, o manualmente con la técnica de garrafa.

Pinole
1. Tueste el maíz en un comal y muélalo poco a poco hasta que obtenga una harina fina. Muela la canela y el piloncillo y añádalos al maíz molido.

Montaje
1. Parta los tamales por la mitad y coloque uno por plato. Sírvalos con el helado y el pinole, y decore con las flores, las hojas de hierbabuena y las rajas de canela.

Cocina vegetal mexicana

"Cocina vegetal mexicana, que no es lo mismo que vegetariana", así ha nombrado el chef Edgar Núñez i Magaña a su cocina. Reconocido como uno de los mejores cocineros mexicanos, es chef copropietario del restaurante Sud777, ubicado en la zona del Pedregal, al sur de la Ciudad de México. Durante varios años éste ha sido considerado dentro de la lista The Latin America's 50 Best Restaurants y en 2017 entre los mejores 100, según The World's 50 Best Restaurants, mejor conocida como lista S. Pellegrino®, publicada anualmente en la revista británica *Restaurant*.

Formado en la férrea tradición de la cocina francesa, fue discípulo del reconocido chef Olivier Lombard, quien lo acercó a la Academia Culinaria de Francia, de la cual es miembro. Hoy es un firme promotor de la cocina mexicana moderna, la cual pugna por la innovación de sus procesos a través del respeto a la tradición, pero no de su sacralización. Es miembro fundador de la Asociación Mexicana de Food Trucks (restaurantes rodantes), donde cuenta con tres conceptos exitosos: Barra Vieja, Burger Lab y Rosticé.

A finales de 2016 abrió con gran éxito Comedor Jacinta, en el corazón de Polanco. El concepto es un comedor en el que los comensales encuentran recetas cotidianas del México de todas las épocas, donde la constante son los sabores de casa y las combinaciones que han hecho de la cocina mexicana una cocina de antojo perpetuo.

Asimismo, se caracteriza por ser de los pocos cocineros en México que escriben con regularidad en medios de comunicación. Así lo hace quincenalmente en su columna En el horno, de la sección Sibarita Culinaria Mexicana, en el periódico *El Financiero*.

Edgar es pionero en los temas de sustentabilidad restaurantera, pues hace algunos años comenzó los trabajos agrícolas en su propia chinampa (zona de cultivo ancestral) en la zona de reserva ecológica de Xochimilco, con el fin de proveer a su restaurante de sus propios ingredientes. Por tal motivo se ha involucrado activamente en los procesos de siembra y cosecha de una infinidad de hortalizas, con las que diseña atractivos menús degustación que dan carácter a su concepto de "Cocina vegetal mexicana".

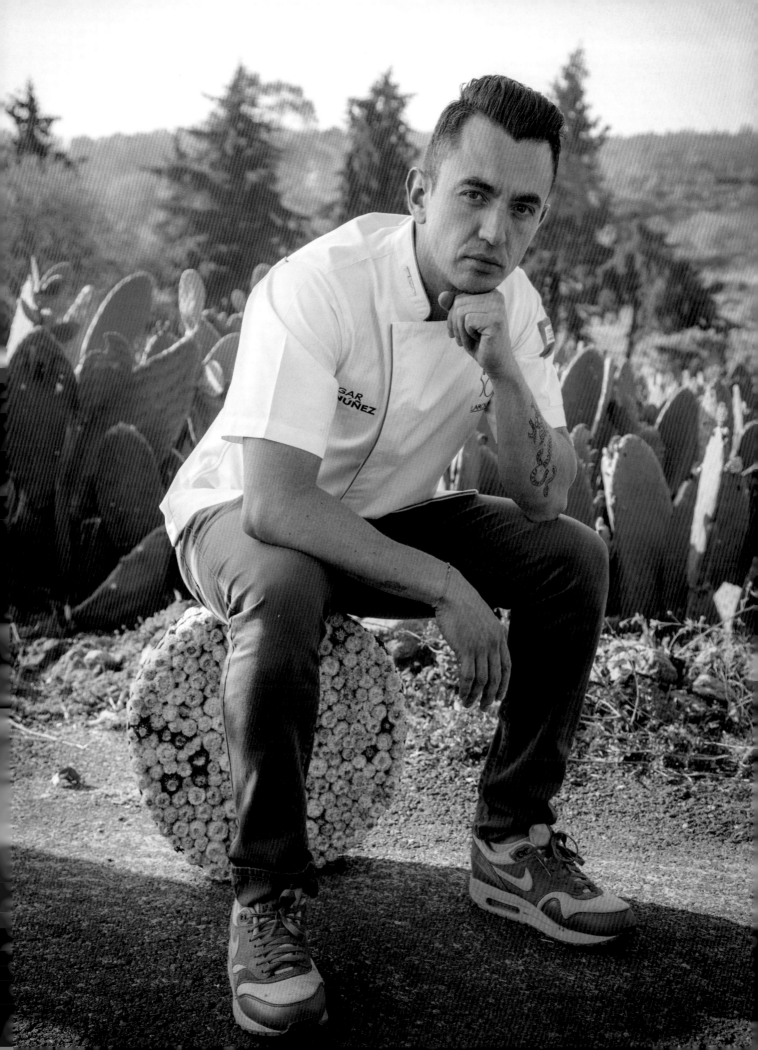

Frambuesa, aguacate,
vinagre y hoja santa

Ingredientes para 4 porciones

Gel de vinagre
- 800 ml de vinagre de vino tinto
- 16 g de agar-agar
- 80 g de azúcar de caña

Puré de aguacate
- 600 g de pulpa de aguacate
- 210 ml de aceite de oliva
- 20 g de cebolla
- 10 g de cilantro
- 100 ml de crema ácida
- 20 ml de agua

Montaje
- 12 frambuesas cortadas por la mitad
- 24 círculos de hoja santa
- sal de Coyuca de Benítez al gusto

Procedimiento

Gel de vinagre
1. Mezcle los ingredientes y colóquelos sobre el fuego. Cuando la preparación hierva, retírela del fuego y deje que se enfríe hasta que se cuaje.
2. Licue la preparación y tamícela. Aparte 120 mililitros de este gel para emplearlo en el montaje y reserve el resto para otros usos.

Puré de aguacate
1. Introduzca la pulpa de aguacate en una bolsa para empacar al vacío junto con el aceite de oliva. Empáquelo al vacío y cocínelo en un termocirculador a 52 °C durante 40 minutos. Retire la bolsa del agua y deje que el aguacate se enfríe.
2. Licue el aguacate con el resto del aceite, la cebolla, el cilantro, la crema y el agua hasta que obtenga un puré. Tamícelo, aparte 480 gramos de este puré para emplearlo en el montaje, y reserve el resto para otros usos.

Montaje
1. Ponga en el fondo de un plato una espiral de puré de aguacate. Distribuya armoniosamente las mitades de frambuesa y rellénelas con el gel. Decore con los círculos de hoja santa, espolvoree la sal, y sirva.

Aguachile de jitomates

Ingredientes para 4 porciones

Jugo verde de aguachile
- 20 g de ácido cítrico
- 200 g de pepino
- 100 g de apio
- 70 g de cilantro
- 20 g de tallos de cebolla cambray
- 1 chile verde
- 10 g de hojas de menta o hierbabuena

Montaje
- 800 g de jitomates de colores de temporada cortados en gajos
- aceite de oliva al gusto
- aros de cebolla cambray al gusto
- sal de Coyuca de Benítez al gusto
- brotes de cebolla al gusto

Procedimiento

Jugo verde de aguachile
1. Muela todos los ingredientes en un extractor de baja presión. Aparte 480 mililitros de este jugo para emplearlo en el montaje, y reserve el resto para otros usos.

Montaje
1. Coloque en platos los gajos de jitomates y báñelos con el jugo verde y el aceite de oliva. Añada los aros de cebolla y la sal. Decore con los brotes de cebolla y sirva.

Betabel y yogur

Ingredientes para 4 porciones

Betabel cocido a la sal
- 600 g de sal de mar
- 1 clara
- 1 betabel entero con cáscara

Puré de betabel
- 350 g de betabeles enteros
- 100 g de papas enteras
- 50 g de mantequilla
- sal al gusto

Montaje
- 400 g de yogur
- sal de Coyuca de Benítez al gusto
- 120 g de alga nori seca
- alga espinilla, al gusto

Procedimiento

Betabel cocido a la sal
1. Precaliente el horno a 210 °C. Mezcle la sal con la clara.
2. Coloque el betabel en una charola para hornear y cúbralo con la mezcla de clara y sal. Cuando el horno esté a la temperatura adecuada, hornée-lo durante 24 minutos.
3. Retire la sal del betabel y córtelo en 4 rebanadas.

Puré de betabel
1. Cocine los betabeles y las papas en suficiente agua con sal hasta que estén suaves.
2. Pele los betabeles y las papas y hágalos puré en una Thermomix®, aña-diéndoles un poco de sal. Tamice el puré, aparte 320 gramos para em-plearlo en el montaje de esta receta, y reserve el resto para otros usos.

Montaje
1. Extraiga el centro de las rebanadas de betabel cocido a la sal con ayuda de un cortador circular grande. Colóquelas en platos y ponga el yogur al centro de éstas. Sirva el puré de betabel con un poco de sal encima y decore con las algas.

Calabaza de Castilla
y caviar vegetal

Ingredientes para 4 porciones

Calabaza de Castilla
- 8 rebanadas cuadradas de calabaza de Castilla
- mantequilla, al gusto
- jarabe de agave, al gusto

Puré de cenizas
- 1 berenjena
- 20 g de ajonjolí molido

Montaje
- 120 ml de jarabe de agave
- 100 g de amaranto tostado
- 120 ml de limón
- 400 ml de leche
- 4 hojas de mastuerzo

Procedimiento

Calabaza de Castilla
1. Precaliente el horno a 180 °C.
2. Hornee las rebanadas de calabaza de Castilla con la mantequilla y el jarabe de agave hasta que se suavicen. Resérvelas.

Puré de cenizas
1. Cocine la berenjena sobre carbón hasta que el exterior se carbonice. Extraiga la pulpa y resérvela para otros usos. Tamice la cáscara carbonizada.
2. Mezcle la cáscara carbonizada con el ajonjolí molido y reserve.

Montaje
1. Distribuya 2 rebanadas de calabaza por plato y vierta encima el jarabe de agave.
2. Mezcle el puré de cenizas con el amaranto hasta simular un caviar. Colóquelo sobre las rebanadas de calabaza.
3. Mezcle el limón con la leche hasta que esta última cuaje. Cuélela y coloque el líquido resultante alrededor de la calabaza.
4. Decore con las hojas de mastuerzo.

Pasto de trigo
y queso de cabra

Ingredientes para 4 porciones

- 200 g de pasto verde de trigo
- 200 g de yogur
- 60 g de queso de cabra
- 4 *quenelles* de helado de queso de cabra ácido

Procedimiento

1. Reserve algunos pastos de trigo para el montaje y triture el resto en un extractor de jugo a baja velocidad y presión.
2. Distribuya el jugo y el yogur en platos. Coloque el queso de cabra en él, así como las *quenelles* de helado. Sirva, decorando con el pasto de trigo que reservó.

El amor a su tierra

Gabriela Ruiz Lugo es originaria de Comalcalco, Tabasco, cuna del cacao en México. Estudió gastronomía en la Escuela Culinaria del Sureste (ECS), en Mérida, Yucatán.

Los primeros esbozos de Gabriela como cocinera y como investigadora gastronómica, los realizó en 2007 cuando participó en el concurso nacional "Al Rescate de la Cocina Tradicional Mexicana", organizado por la sección Buena Mesa del periódico *Reforma*. Ahí tuvo que investigar una receta tradicional de su estado; seleccionó el "Pejelagarto en verde", especie endémica de la zona, por lo que resultó la ganadora del primer lugar.

Inició su carrera profesional trabajando en algunos de los mejores restaurantes de México, como el restaurante Pujol, del chef Enrique Olvera. Actualmente es chef propietaria de la empresa Gourmet MX, que en sus inicios incursionó únicamente en el área de banquetes empresariales. En 2012 decidió apostar por la ampliación del espacio y fue así como abrió el restaurante Gourmet MX, en lo que hasta entonces era un área de bodegas. Fue tan apreciado que es considerado uno de los 120 mejores restaurantes de México según la Guía México Gastronómico de Culinaria Mexicana, S. Pellegrino®, Nespresso®. Hoy, cinco años después, debido a ella y a su socio Rafael, ese espacio se ha convertido en la mejor zona de restaurantes de todo el estado de Tabasco.

Por otra parte ha participado en festivales de cocina mexicana en Alemania e India; también ha cosechado grandes logros, como el reconocimiento "Jóvenes Maestros" otorgado por el salón del gusto Millesime México. A principios de 2016 inauguró su tercer proyecto, Chata Pandal, un gastro-bar al lado de su restaurante Gourmet MX. El mismo año fue invitada por parte de las universidades de Stanford y Berkeley al Food Innovation & Design Symposium para impartir una ponencia sobre el cacao y su cultivo tradicional. También, ha sido ponente en el Culinary Institute of America (CIA), de California.

Gaby es una extraordinaria embajadora de su tierra. No hay cocinero en México que no la haya acompañado en un recorrido por las grandes extensiones de cacaotales de su tierra natal, donde ella misma explica los procesos de siembra y cosecha.

Sope de jaiba
y frijoles refritos

Ingredientes para 10 porciones

Frijoles refritos con longaniza
- 160 g de frijoles bayos
- 3 g de hojas de epazote
- 35 g de cebolla
- 6 g de ajo
- 165 g de longaniza de mercado
- 92 g de manteca
- 20 g de chipotle adobado, sin semillas y licuado
- sal al gusto

Jaiba
- 80 g de mantequilla clarificada
- 70 g de poro cortado en cuadros pequeños
- 60 g de apio cortado en cubos pequeños
- 60 g de zanahoria cortada en cubos pequeños

- 160 g de pulpa de jaiba limpia
- 30 g de chile jalapeño sin venas ni semillas, cortado en cubos pequeños
- sal al gusto

Ensaladita
- 30 g de cebolla cortada en juliana
- 30 g de pimiento morrón verde cortado en juliana
- 30 g de chile serrano sin semillas ni venas, cortado en juliana
- 30 g de pepino cortado en juliana
- 6 ml de jugo de limón
- 6 ml de aceite de oliva
- sal al gusto

Puré de aguacate
- 250 g de pulpa de aguacate
- 75 g de cebolla
- 15 g de cilantro blanqueado
- 7 g de chile serrano sin semillas
- 40 g de jugo de limón
- 90 ml de aceite de oliva
- sal al gusto

Sopes
- 140 g de masa de maíz nixtamalizado
- 135 ml de agua
- 70 g de harina de trigo
- 70 g de harina de maíz nixtamalizado

Montaje
- brotes de cilantro criollo al gusto

Procedimiento

Frijoles refritos con longaniza
1. Cocine a fuego medio los frijoles con el epazote, 5 gramos de cebolla y la mitad del ajo hasta que estén suaves. Licúelos, páselos por un colador fino y reserve el molido.
2. Fría la longaniza en su propia grasa y resérvela.
3. Acitrone en manteca la cebolla y el ajo restantes. Añádales el molido de frijol, el chipotle licuado y la longaniza frita. Deje que la preparación se cueza hasta que adquiera una consistencia pastosa. Añádale sal al gusto y resérvela.

Jaiba
1. Sofría en la mantequilla el poro, el apio y la zanahoria. Añádales la pulpa de jaiba, los chiles en vinagre y sal al gusto. Deje que la preparación se cueza durante un par de minutos y resérvela.

Ensaladita
1. Mezcle las julianas de vegetales con el jugo de limón y el aceite de oliva. Añádales sal al gusto y resérvelas.

Puré de aguacate
1. Licue todos los ingredientes hasta hacerlos puré. Páselo por un colador fino y resérvelo.

Sopes
1. Mezcle la masa de maíz con el agua y las harinas de trigo y maíz hasta obtener una masa homogénea, manejable y suave.
2. Porcione la masa en esferas de 40 gramos. Forme discos de 1 centímetro de grosor y 5 de diámetro, con ayuda de una prensa para tortillas y dos trozos de plástico.
3. Ase por ambos lados los discos de masa en un sartén o comal hasta que estén bien cocidos.
4. Pellizque el borde de los discos para formar los sopes y resérvelos.

Montaje
1. Caliente los sopes en un sartén o comal y únteles los frijoles refritos con longaniza. Coloque encima la jaiba, cubriendo el puré de frijol. Coloque encima 1 cucharada de puré de aguacate, así como la ensaladita. Decore con los brotes de cilantro.

Tostaditas de coco
en distintas maduraciones

Ingredientes para 10 porciones

Tostaditas
- 30 discos de tortilla de maíz de 6.5 cm de diámetro
- cantidad suficiente de aceite

Frijoles refritos
- 80 g de frijoles
- 600 ml de agua
- 8 g de ajo
- 15 g de cebolla
- 8 g de epazote
- 25 ml de aceite vegetal
- sal al gusto

Coco en escabeche
- 2 g de orégano negro
- 50 ml de aceite de oliva
- 60 g de cebolla cortada en juliana
- 10 g de ajo entero
- 2 g de hojas de laurel
- 4 g de pimientas gordas
- 25 ml de vinagre blanco

- 160 g de pulpa de coco de cuchara (gelatinosa), cortada en cuadros de 1 cm aproximadamente
- sal al gusto

Salpicón de coco
- 125 g de coco tierno rallado grueso
- 55 g de cebolla picada finamente
- 3.5 g de cilantro picado finamente
- 25 g de chile jalapeño cortado en cuadros pequeños
- 1.5 g de chile habanero cortado en cuadros pequeños
- 5 ml de aceite de oliva
- 3.5 ml de jugo de limón
- sal al gusto

Minilla de coco
- 1 g de pimienta negra molida
- 1 g de comino molido
- 1 g de clavo molido
- 35 ml de aceite de oliva

- 22 g de cebolla picada finamente
- 2 g de ajo picado finamente
- 110 g de jitomate guaje cortado en cubos pequeños
- 12 g de pimiento verde picado finamente
- 80 g de coco sazón fresco rallado
- sal al gusto

Cremoso de aguacate
- 330 g de aguacates Hass
- 50 g de cebolla
- 4 g de cilantro
- 10 g de chile serrano sin semillas
- 15 g de jugo de limón
- sal al gusto

Montaje
- discos pequeños y delgados de zanahoria, al gusto
- jitomates cherry cortados por la mitad, al gusto
- hojas tiernas y brotes mixtos, al gusto

Procedimiento

Tostaditas
1. Fría en el aceite los discos de tortilla de maíz hasta que estén crujientes. Resérvelos.

Frijoles refritos
1. Ponga sobre el fuego los frijoles con el agua, el ajo, la cebolla y el epazote. Deje que se cocinen hasta que estén suaves.
2. Licue los frijoles y páselos por un colador fino.
3. Coloque sobre el fuego un sartén con el aceite. Cuando esté caliente, añada el molido de frijoles y deje que se reduzca hasta que obtenga una pasta maleable. Añádale sal y retírela del fuego. Reserve una cuarta parte para emplearlo en el montaje de las tostaditas y el resto guárdelo para otros usos.

Coco en escabeche
1. Tueste el orégano en un sartén. Añádale el aceite de oliva y, cuando se caliente, saltee en él la cebolla hasta que se acitrone, junto con el ajo, las hojas de laurel y las pimientas.
2. Incorpore a la preparación el vinagre, el coco y sal al gusto. Retírela del fuego y déjela reposar durante un par de horas. Retire y deseche los ajos, las hojas de laurel y las pimientas gordas.

Salpicón de coco
1. Mezcle el coco con la cebolla, el cilantro y los chiles jalapeño y habanero. Incorpore el aceite de oliva, el jugo de limón y sal al gusto. Reserve.

... continúa en la página 292

Ensalada de chayote

Ingredientes para 10 porciones

Fettuccine de chayote
- 700 g de chayotes sin cáscara

Pesto
- 20 g de hojas de cilantro blanqueadas
- 20 g de hojas de albahaca blanqueadas
- 28 g de hojas de espinaca blanqueadas
- 30 g de pistaches sin cáscara, tostados
- 4 g de ajo
- 90 ml de aceite de oliva
- 26 ml de vinagre blanco
- sal al gusto

Piña asada
- 400 g de piña miel cortada en rebanadas

Montaje
- jugo de limón al gusto
- sal al gusto
- 20 g de pistaches sin cáscara rallados
- hojas de albahaca al gusto
- brotes comestibles al gusto

Procedimiento

Fettuccine de chayote
1. Corte los chayotes en láminas de 1 milímetro de grosor. Después, corte las láminas en tiras muy finas. Reserve.

Pesto
1. Licue todos los ingredientes hasta obtener una mezcla muy fina. Reserve.

Piña asada
1. Ase en el grill las rebanadas de piña por ambos lados hasta que estén doradas. Córtelas en cubos y reserve.

Montaje
1. Mezcle el *fetuccine* de chayote con el pesto, los pistaches y el jugo de limón y sal al gusto. Distribuya la preparación en platos, coloque encima los cubos de piña y decore con la ralladura de pistaches, las hojas albahaca y los brotes.

Chirmol con short rib

Ingredientes para 10 porciones

Short rib
- 25 g de sal
- 12 g de pimienta negra molida
- 150 g de azúcar
- 10 *short rib* sin hueso de 100 g c/u
- 66 g de cebolla cortada en cubos
- 90 g de zanahoria cortada en cubos
- 2.5 g de hojas de cilantro
- 95 g de jitomate guaje cortado en cubos
- 75 g de calabacita italiana cortada en cubos

Salsa de chirmol
- 1 kg de jitomates guajes
- 500 g de cebolla
- 100 g de tortillas de maíz
- 30 g de pepitas de calabaza
- 20 g de ajonjolí

- 28 g de chiles anchos sin semillas
- 1 ℓ de agua
- 30 g de manteca de cerdo
- sal al gusto

Puré de plátano
- 200 g de plátanos machos pasados de maduros
- 34 g de azúcar
- 6 g de mantequilla
- 55 ml de agua
- 2 g de sal

Cebollas en vinagre
- 166 ml de agua
- 62 ml de vinagre blanco
- 0.5 g de orégano negro asado

- 0.5 g de hojas de laurel
- 0.5 g de pimienta gorda
- 0.5 g de pimienta negra
- 0.5 g de tomillo
- 0.5 g de clavo
- 150 g de cebolla cortada en juliana fina

Láminas de calabaza
- 500 g calabaza criolla sin cáscara
- 20 ml de aceite de oliva
- 10 g de sal
- 15 g de ajo
- pimienta negra molida, al gusto

Montaje
- 30 ml de aceite de oliva

Procedimiento

Short rib

1. Mezcle la sal con la pimienta y el azúcar. Unte esta mezcla en los *short rib* y déjelos reposar durante 20 minutos. Enjuáguelos con agua y séquelos muy bien.
2. Precaliente el horno a 100 °C.
3. Selle los short rib por todos los lados. Envuélvalos en plástico autoadherente, compactándolos bien.
4. Coloque en un recipiente extendido y profundo, que pueda introducir al horno, la cebolla, la zanahoria, el cilantro, el jitomate y la calabacita. Ponga encima las porciones de *short rib*, añada agua hasta cubrirlas y tape el recipiente con plástico autoadherente y papel aluminio. Hornee durante 4 horas o hasta que la carne esté completamente suave. Resérvela.

Salsa de chirmol

1. Precaliente un ahumador a 93 °C. Cuando esté a la temperatura adecuada, ahúme en él los jitomates, las cebollas y las tortillas durante 4 horas.
2. Tueste por separado las pepitas de calabaza y el ajonjolí. Hidrate los chiles en agua caliente.
3. Licue con el agua los ingredientes ahumados con las pepitas, el ajonjolí y los chiles hasta que obtenga una salsa tersa. Si es necesario, pásela por un colador fino.

4. Coloque sobre el fuego un sartén con la manteca. Cuando esté caliente, añádale la salsa y deje que se cocine hasta que esté un poco consistente. Sazone con sal y resérvela.

Puré de plátano

1. Precaliente el horno a 200 °C; cuando esté a la temperatura adecuada, envuelva los plátanos en papel aluminio y hornéelos durante 1 hora.
2. Retire y deseche la cáscara de los plátanos y bata la pulpa en la batidora hasta que obtenga una pasta homogénea. Licúela con el resto de los ingredientes hasta obtener un molido fino y terso.
3. Coloque el puré en un sartén sobre el fuego y cocínelo, sin dejarlo de mover, hasta obtener una pasta consistente sin grumos. Reserve.

Cebollas en vinagre

1. Tueste las especias, una a una, en un comal o sartén a fuego bajo.
2. Ponga sobre el fuego el agua con el vinagre. Cuando hiervan, añádales las especias asadas y deje la preparación sobre el fuego un par de minutos. Cuele el líquido, añádalo a la cebolla y deje que se enfríe. Reserve.

... continúa en la página 292

Plátano, maracuyá y cacao
en una canción

Ingredientes para 10 porciones

Plátanos osmotizados con maracuyá
- 350 ml de extracto de maracuyá
- 200 g de azúcar
- 6 plátanos dominicos maduros

Láminas de plátano deshidratado
- 1 plátano macho maduro

Mousse de plátano y maracuyá
- 7 g de grenetina en polvo
- 165 ml de crema para batir
- 175 g de pulpa de maracuyá
- 150 g de pulpa de plátano Tabasco maduro
- 25 g de azúcar

Intro y Coda
- 50 ml de aceite

- 100 g de maíz palomero
- 150 g de azúcar
- rodajas de plátano osmotizado de 0.5 cm
- pétalos comestibles, al gusto

Estrofa
- láminas de plátano deshidratado
- *mousse* de plátano y maracuyá
- nibs de cacao al gusto
- cubos de plátano osmotizado

Pre-estribillo
- 7.5 g de pectina
- 250 g de azúcar
- 250 g de pulpa de maracuyá
- 1.3 g de ácido cítrico
- 75 g de glucosa
- 20 flores blancas comestibles, al gusto

Estribillo
- 500 g de granos de elote tierno
- 60 ml de leche entera
- 80 ml de crema para batir
- 150 g de mantequilla sin sal
- 130 g de azúcar
- 6 g de sal
- 5 hojas de elote + cantidad suficiente
- pétalos comestibles, al gusto

Puente musical
- 50 g de chocolate al 70 %
- 50 g de chocolate al 100 %
- 3 g Peta Zeta® triturada

Procedimiento

Plátanos osmotizados con maracuyá

1. Ponga sobre el fuego el extracto de maracuyá con el azúcar y mezcle ambos hasta que se integren. Retire este almíbar del fuego y deje que se enfríe.
2. Pele los plátanos dominicos e introdúzcalos junto con el almíbar de maracuyá en una bolsa para empacar al vacío. Empáquelos al vacío, introdúzcalos al refrigerador y déjelos reposar durante 1 hora.
3. Saque los plátanos de la bolsa y corte 2 de ellos en rodajas de 1 centímetro, otros 2 en rodajas de ½ centímetro, y el resto en cubos. Resérvelos.

Láminas de plátano deshidratado

1. Precaliente el horno a 170 °C.
2. Pele el plátano y con ayuda de una rebanadora córtelo en láminas de 1 milímetro de grosor. Después, corte las láminas en cuadros de 3 centímetros.
3. Coloque los cuadros de plátano sobre una charola cubierta con un tapete de silicón y hornéelos durante 4 horas o hasta que los cuadros de plátano estén completamente crujientes. Reserve.

Mousse de plátano y maracuyá

1. Hidrate la grenetina en un poco de agua durante algunos minutos.
2. Coloque la crema para batir sobre el fuego y funda en ella la grenetina hidratada. Retírela del fuego.
3. Licue las pulpas de maracuyá y plátano con el azúcar hasta que se integren bien. Mézclelas con la crema para batir con grenetina.

Intro y Coda

1. La Intro y la Coda se componen de Plátano osmotizado, Polvo de palomitas caramelizadas y Crema de elote. Para las palomitas, coloque sobre el fuego una cacerola que tenga tapa. Añádale el aceite y, cuando esté caliente, agregue el maíz palomero y tape la cacerola. Cuando comience a reventar el maíz, agite vigorosamente la cacerola de arriba abajo hasta que todas las palomitas estén hechas. Saque las palomitas de la cacerola, colóquelas sobre un tapete de silicón y déjelas enfriar. Ponga sobre el fuego un sartén con el azúcar y muévala hasta que obtenga un caramelo de color marrón ligero. Vierta el caramelo sobre las palomitas y deje que se enfríen. Triture las palomitas con caramelo hasta que se hagan polvo.

... continúa en la página 293

intro

estrofa

Pre-estribillo

estribillo

estrofa

Puente musical

estrofa

Pre-estribillo

estribillo

Coda

Pionero en su estado

Nacido en Tlaxcala en 1988, el chef Francisco Molina es graduado de la carrera en Artes Culinarias por la Universidad de las Américas Puebla (UDLAP). Complementó su formación como cocinero en dos de los más reconocidos restaurantes del país: Pujol, bajo las órdenes del chef Enrique Olvera, y Biko, de los chefs Mikel Alonso, Bruno Oteiza y Gerard Bellver; ambos restaurantes incluidos desde hace años en la lista The World's 50 Best Restaurants, de la revista británica *Restaurant*.

En 2011, una vez concluida su estancia en Pujol y Biko, regresó a su estado natal para probar suerte como empresario y chef de su propio restaurante. Así fundó Evoka, ubicado en la localidad de Apizaco, Tlaxcala. Desde entonces, la revolución de los fogones de alta escuela, impresa en el producto tlaxcalteca, le valió en pocos años un gran reconocimiento. Su juventud y esfuerzo son hasta la fecha uno de los casos de éxito más sonados en el ambiente gastronómico nacional.

En la carta de Evoka se ofrece una sorprendente cantidad de platillos basados en los sabores de la región, con ingredientes locales que cada semana busca y consigue por toda la entidad. Para llegar a esto, inició un exhaustivo trabajo de investigación por el Valle de Tlaxcala, centrándose en antiguos recetarios y en la tradición popular de las comunidades. El siguiente paso en su cocina fue combinar técnicas modernas y tradicionales, procurando darle el mayor valor a los sabores sencillos y directos.

Debido a la paulatina maduración de su concepto culinario, logró que en poco tiempo lo invitarán a presentar su propuesta en varios restaurantes del país, así como en festivales y congresos gastronómicos, como Millesime, Paralelo Norte y COME Jalisco. Más allá de nuestras fronteras logró representar la cocina de su estado en Francia.

En 2016, Evoka fue uno de los veintidós restaurantes mexicanos incluidos en el *ranking* mundial de restaurantes de origen francés *La Liste*, el cual enumera a los mejores mil restaurantes del mundo.

Sopa de jitomate
con croquetas de huauzontle y herbolaria del Valle de Tlaxcala

Ingredientes para 10 porciones

Sopa de jitomate
- 800 g de jitomates Heirloom cortados por la mitad
- 200 ml de aceite de oliva extra virgen
- 5 g de sal
- 5 g de pimienta negra recién molida
- 2 chiles chipotles secos, enteros

Croquetas de huauzontle
- 1 ℓ de agua
- 130 g de huauzontles
- 200 g de requesón
- 10 g de harina de trigo
- 5 g de sal

Aceite de naranja
- 250 ml de aceite de oliva
- la cáscara de 3 naranjas cortada en julianas
- 6 hojas de limón
- 4 granos de cardamomo quebrados

Tempura
- 200 g de harina de trigo
- 5 g de sal
- 125 ml de cerveza tipo *stout*
- 40 g de amaranto
- 1 ℓ de aceite

Montaje
- 1 hoja santa grande
- 12 hojas de toronjil
- 12 hojas frescas de orégano yucateco
- 12 flores de albahaca
- 12 flores de eneldo
- 12 flores de cilantro
- 12 pétalos de azar

Procedimiento

Sopa de jitomate
1. Mezcle las mitades de jitomate con el aceite de oliva, la sal y la pimienta.
2. Precaliente un asador con carbón de ocote. Cuando esté listo, ase en él las mitades de jitomate hasta que se ennegrezcan. Déjelos enfriar.
3. Licue los jitomates y páselos a través de un colador fino.
4. Ponga sobre el fuego el molido de jitomate y añádale los chiles chipotles. Deje que la sopa se reduzca hasta que obtenga una consistencia ligeramente espesa. Retírele los chiles y resérvela.

Croquetas de huauzontle
1. Ponga sobre el fuego un cazo con el agua. Cuando hierva, cocine en ella los huauzontles durante 15 minutos. Retírelos del fuego y sumérjalos en agua fría con hielos. Separe las inflorescencias de las ramas y deseche estas últimas. Mezcle las inflorescencias con el requesón, la harina y la sal hasta obtener una preparación homogénea.
2. Forme con la mezcla de huauzontles esferas de 10 gramos aproximadamente. Resérvelas.

Aceite de naranja
1. Coloque en un cazo el aceite de oliva, las cáscaras de naranja, las hojas de limón y el cardamomo. Caliéntelo durante 20 minutos a 50 °C. Déjelo reposar durante 12 horas.

Tempura
1. Mezcle la harina con la sal y añada lentamente la cerveza, mezclando de forma homogénea todos los ingredientes.
2. Precaliente el aceite. Sumerja en la mezcla anterior, individualmente, las esferas de huauzontle, sacudiéndoles el exceso de mezcla al sacarlas. Revuélquelas en el amaranto y fríalas durante 2 minutos.

Montaje
1. Ase en un comal la hoja santa hasta que se queme y redúzcala a polvo.
2. Distribuya en platos la sopa de jitomate con las croquetas de huauzontle. Decore con las hojas restantes, así como con las flores y pétalos. Añada a cada plato 2 pizcas del polvo de hoja santa y 8 gotas de aceite de naranja. Sirva.

Milhojas de jícama
con quelites de lluvia y vinagreta de tortilla quemada

Ingredientes para 10 porciones

Vinagreta
- 200 g de tortillas
- 200 ml de vinagre de manzana
- 50 g de piloncillo rallado

Polvo de chile guajillo
- 200 g de chiles guajillo sin venas ni semillas

Láminas de jícama y pepino
- 2 kg de jícamas sin cáscara, cortadas en cuartos
- 1 ℓ de jugo de limón recién exprimido
- 20 g de sal
- 1.5 kg de pepinos sin cáscara
- 5 naranjas

Montaje
- 250 g de quelites de lluvia
- 250 g de romeritos
- 60 ml de aceite de oliva extra virgen
- 50 brotes de hierbabuena
- aceite de oliva, al gusto

Procedimiento

Vinagreta
1. Tatéme las tortillas hasta que estén completamente carbonizadas. Sumérjalas en el vinagre junto con el piloncillo, y déjelas en reposo durante 8 horas.

Polvo de chile guajillo
1. Precaliente el horno a 80 °C. Cuando esté a la temperatura indicada, hornee los chiles durante 2 horas o hasta que estén completamente deshidratados. Redúzcalos a polvo licuándolos. Resérvelo.

Láminas de jícama y pepino
1. Extraiga láminas de la jícama con un pelador; conforme las vaya obteniendo, sumérjalas en el jugo de limón mezclado con la sal. Haga lo mismo con los pepinos, evitando las semillas.
2. Extraiga cinco supremas de cada naranja y resérvelas.

Montaje
1. Mezcle los quelites de lluvia con los romeritos, la vinagreta y el aceite de oliva extra virgen. Distribuya esta mezcla en platos extendidos.
2. Añada los brotes de hierbabuena, las supremas de naranja y un poco de aceite de oliva.
3. Enrolle sobre sí mismas las láminas de pepino y colóquelas encima, cubriendo completamente las hierbas y las supremas de naranja; coloque encima las láminas de jícama. Termine espolvoreando el chile guajillo.

Gorditas de requesón,
jaiba y ayocotes

Ingredientes para 10 porciones

Gorditas
- 250 g de pulpa de jaiba desmenuzada
- 200 g de requesón
- 5 g de sal
- 200 g de masa de maíz nixtamalizado
- aceite al gusto

Ayocotes
- 250 g de ayocotes negros, remojados previamente en agua durante 8 horas, drenados
- 50 g de cebolla
- 5 g de ajo
- 1 rama de cilantro
- 10 ml de aceite de oliva extra virgen
- 5 g de sal
- 1 ℓ de agua

Caldillo
- 2 ℓ de agua
- 1 kg de jitomate
- 30 g de chile chipotle seco
- 10 g de chile serrano
- 50 g de cebolla
- 5 g de ajo
- 1 rama de epazote
- 25 g de hoja santa
- sal al gusto

Coles de Bruselas
- 1 ℓ de agua
- 10 g de sal en grano
- 250 g de coles de Bruselas
- 50 ml de aceite de oliva
- 5 g de ajo picado finamente

Montaje
- 1 ℓ de aceite
- brotes mixtos, al gusto

Procedimiento

Gorditas
1. Mezcle la pulpa de jaiba con el requesón y la sal.
2. Divida la masa de maíz en 10 porciones uniformes. Coloque una de ellas entre dos plásticos y presiónela con una prensa para tortillas. Ponga encima 45 gramos de la mezcla de jaiba y doble el borde hacia el centro hasta cubrir con masa el relleno, conservando la forma circular de la gordita. Haga lo mismo con el resto de la masa y el relleno.
3. Cocine las gorditas en un comal, con un poco de aceite, durante 5 minutos de cada lado. Resérvelas.

Ayocotes
1. Coloque todos los ingredientes en una olla de presión, ciérrela y colóquela sobre el fuego. Cuando comience a escapar el vapor de la olla, baje el fuego y deje que los frijoles se cocinen durante 45 minutos. Cuando la olla se entibie, drene los ayocotes y resérvelos.

Caldillo
1. Ponga a hervir el agua con el jitomate y los chiles chipotle y serrano durante 15 minutos. Licue los ingredientes anteriores con la cebolla y el ajo, cuele el molido y colóquelo sobre el fuego. Añádale el epazote y la hoja santa y deje que hierva durante 45 minutos.
2. Retire del caldillo el epazote y la hoja santa, agréguele sal al gusto y resérvelo.

Coles de Bruselas
1. Ponga sobre el fuego el agua con la sal de grano. Cuando hierva, blanquee en ella las coles de Bruselas durante 3 minutos. Sáquelas del agua caliente y sumérjalas en agua fría con hielos. Escúrralas y deshójelas.
2. Saltee las hojas de coles de Bruselas con el aceite de oliva y el ajo durante un par de minutos. Resérvelas.

Montaje
1. Precaliente el aceite, y cuando esté listo, fría en él cada gordita durante 3 minutos.
2. Coloque en cada plato 3 cucharadas de ayocotes, encima una gordita, y sobre esta última las hojas de coles de Bruselas. Decore con los brotes. Sirva el caldillo en la gordita frente al comensal.

Chilaquiles de maíces criollos tlaxcaltecas
y codorniz al mojo de ajo

Ingredientes para 10 porciones

Hojuelas de maíces de colores
- 200 g de maíz negro
- 200 g de maíz rojo
- 200 g de maíz azul
- 200 g de maíz morado
- 200 g de maíz cacahuazintle
- 10 g de cal
- 5 ℓ de agua

Hojuelas de huitlacoche
- 10 ml de aceite
- 10 g de cebolla cortada en *brunoise*
- 5 g de ajo cortado en *brunoise*
- 200 g de huitlacoche
- 1 g de sal

Puré de papa
- 170 g de papa
- 30 g de mantequilla

- 20 g de yema
- sal al gusto

Queso ahumado artesanal
- 100 g de queso artesanal
- 2 g de cominos enteros
- 2 g de clavos enteros
- 2 g de canela en raja, troceada
- 4 briquetas de carbón

Cebolla cambray encurtida
- 50 ml de vinagre de manzana
- 15 ml de miel
- 3 g de anís estrella
- 60 g de cebolla cambray sin tallos

Salsa negra de huitlacoche
- 200 g de tomate verde
- 5 g de chile serrano

- 5 g de ajo
- 50 g de cebolla
- 10 g de chile pasilla sin venas ni semillas
- 5 ml de aceite de oliva
- 150 g de huitlacoche
- 250 ml de fondo de ave
- 10 g de epazote
- sal al gusto

Codorniz
- 15 g de epazote
- 10 g de ajo
- 30 ml de aceite de oliva
- 3 g de sal
- 2 pechugas de codorniz

Montaje
- 20 g de jamón serrano troceado
- brotes de epazote al gusto

Procedimiento

Hojuelas de maíces de colores
1. Ponga a hervir a fuego alto cada tipo de maíz con 1 litro de agua y 2 gramos de cal durante 1 hora. Muela los granos por separado para obtener una masa de cada uno.
2. Diluya 20 gramos de un tipo de masa en 1 cucharadita de agua; debe obtener una consistencia ligera. Coloque un sartén de teflón sobre el fuego y distribuya en él, uniformemente, la mezcla. Cuando se pueda despegar del sartén, hágalo y reserve la hojuela. Repita este paso con el resto de las masas.

Hojuelas de huitlacoche
1. Precaliente el horno a 120 °C.
2. Sofría en el aceite la cebolla y el ajo durante 3 minutos. Añada el huitlacoche y la sal; sofría durante un par de minutos, y licue bien la preparación.
3. Extienda el molido de huitlacoche entre dos hojas de papel estrella con ayuda de un rodillo, de manera que quede muy delgada. Hornee la preparación durante 2 horas o hasta que quede totalmente deshidratada.

Puré de papa
1. Ponga sobre el fuego agua suficiente para sumergir en ella las papas, con un poco de sal. Cuando hierva, añada las papas y déjelas hervir durante 30 minutos.
2. Pele las papas y muélalas en un procesador de alimentos con la mantequilla, la yema y sal al gusto, hasta obtener un puré sin grumos. Resérvelo.

Queso ahumado artesanal
1. Ponga a calentar las briquetas de carbón hasta que estén al rojo vivo. Transfiéralas a un ahumador, añada las especias sobre ellas, coloque una rejilla y ponga encima el queso. Cierre el ahumador herméticamente durante 30 minutos. Reserve el queso.

... continúa en la página 294

Espuma de maíz cacahuacintle
con fruta criolla y garapiñado de piñón

Ingredientes para 10 porciones

Espuma de maíz
- 1 ℓ de agua
- 500 g de granos de maíz cacahuacintle fresco
- 110 g de piloncillo
- 300 g de crema para batir

Palanqueta
- 100 g de piñones
- 150 g de azúcar refinada

Polvo de quelite
- 500 g de quelites de temporada

Montaje
- 500 g de manzana criolla cortada en gajos o cubos
- 500 g de pera criolla cortada en gajos o cubos
- 250 g de durazno de Altzayanca cortado en gajos o cubos de 1 cm
- 500 g de mango cortado en gajos o cubos de 1 cm
- 125 g de zarzamoras
- 125 g de frambuesas
- 3 g de matcha
- 100 g de chocolate blanco rallado

Procedimiento

Espuma de maíz
1. Ponga sobre el fuego el agua; cuando hierva, añádale los granos de maíz y deje que se cuezan durante 15 minutos.
2. Licue los granos de maíz con el agua de cocción, cuele el molido y póngalos sobre el fuego con el piloncillo y la crema. Deje que la preparación hierva durante 15 minutos o hasta que obtenga una mezcla espesa. Retírela del fuego y deje que se enfríe.
3. Introduzca la preparación en un sifón, cárguelo con 2 cápsulas de CO_2 y resérvelo en refrigeración.

Palanqueta
1. Cocine el azúcar en un cazo de cobre a fuego medio durante 5 minutos o hasta que obtenga un caramelo color claro.
2. Añada los piñones al caramelo y mezcle todo con movimientos envolventes. Retire la preparación del fuego, extiéndala sobre un tapete de silicón y deje que se enfríe.
3. Trocéela y resérvela.

Polvo de quelite
1. Precaliente el horno a 75 °C. Deshoje los quelites y deseche los tallos.
2. Cuando el horno esté a la temperatura correcta, hornee las hojas de quelites durante 2 horas o hasta que estén completamente deshidratadas. Redúzcalas a polvo en una licuadora, cuele y reserve.

Montaje
1. Distribuya en platos los gajos o cubos de fruta , las zarzamoras, las frambuesas y los trozos de palanqueta; cubra los ingredientes con la espuma de maíz directamente del sifón. Espolvoree el polvo de quelite, el matcha y el chocolate.

Amalgama de formaciones

En 1998, Joaquín Cardoso comenzó sus estudios culinarios en la Ciudad de México y trabajó con Lula Martín del Campo en el Hotel Habita. Continuó su formación profesional en el Instituto Paul Bocuse, Francia.

Fue a partir de entonces que tuvo la oportunidad de trabajar ocho años con Jean-François Piège. En 2003, estuvo como practicante en el Plaza Athénée de Alain Ducasse y posteriormente trabajó en el Crillon y en el Hôtel Thomieux, llegando a ocupar el cargo de chef ejecutivo. Durante su estancia en Europa, también realizó prácticas en diversos establecimientos, como el Lucas Carton de Alain Senderens; en Noma, de René Redzepi, y en Relae, de Christian Puglisi.

Entre 2011 y 2013 formó parte del equipo del restaurante Le Chateaubriand del chef Iñaki Aizpitarte, en ese entonces el número 9 de la lista de The World's 50 Best Restaurants. Regresó a México para trabajar en el grupo Enrique Olvera como chef corporativo. A principios del 2015 comenzó a trabajar en el proyecto del Hotel Carlota como chef ejecutivo.

Dulces raíces

Originaria de la ciudad de Querétaro, desde pequeña, Sofía Cortina siempre tuvo una inquietud por la cocina, inclinándose hacia la pastelería, ya que en su casa siempre hacía postres con su mamá. Una frase que dice hasta la fecha es: "¡Podrá faltar la carne, pero jamás el postre!".

En 2011, a los 18 años, comenzó su formación profesional como practicante en el restaurante Pujol, del chef Enrique Olvera, mismo que fue su escuela durante 3 años. Fue de la mano de Alejandra Rivas, expastelera del propio Pujol, que reiteró su gusto por la pastelería. Se desenvolvió en diferentes áreas, descubriendo también su pasión por el servicio.

En 2013 decidió profesionalizarse en Barcelona, tomando un curso en Espaisucre y trabajando posteriormente en el restaurante Dos Palillos de Albert Raurich. Realizó prácticas profesionales con Pierre Hermé en París para luego regresar a Pujol. Actualmente dirige la pastelería del Hotel Carlota, y lleva junto con Eduardo García la parte dulce de grupo Peyote, restaurantes ubicados en Londres, Dubai y próximamente en Ibiza. En la actualidad, ha sido reconocida como una de las mejores chefs reposteras de México.

Tamalitos de hongos
de temporada

Ingredientes para 4 porciones

Puré de hongos
- 1 cucharada de aceite
- 250 g de hongos mixtos lavados y secados
- sal de mar al gusto
- 30 g de mantequilla
- 1 chalote
- 1 diente de ajo sin germen
- ¼ de chile guajillo
- 200 ml de crema líquida

Tamales
- 30 g de manteca de cerdo
- 1 hoja de aguacate
- 1 diente de ajo criollo
- 1 chile puya
- 120 g de masa de maíz nixtamalizado
- sal de mar al gusto
- cantidad suficiente de cuadros de hoja de plátano, tatemados

Salsa macha
- 50 g de cacahuates sin cascarilla
- 50 g de pepitas de calabaza
- 25 g de ajonjolí
- 5 g de chiles cuaresmeños
- 25 g de chiles anchos
- 5 g de chiles de árbol
- 200 ml de aceite
- 2 dientes de ajo criollo
- sal de mar al gusto

Hongos salteados
- 200 g de hongos mixtos lavados y secados
- 1 cucharada de aceite
- sal de mar al gusto

Setas encurtidas
- 35 ml de vinagre de vino blanco
- orégano yucateco al gusto
- pimienta gorda entera, al gusto
- sal de mar al gusto
- 50 g de setas rosas troceadas

Montaje
- rebanadas de champiñón, al gusto

Procedimiento

Puré de hongos
1. Saltee en el aceite los hongos con sal de mar al gusto. Resérvelos.
2. Acitrone en la mantequilla el chalote, el diente de ajo y el chile guajillo. Agregue los hongos salteados, tape el recipiente y deje que suden durante 5 minutos.
3. Añada la crema y deje que la preparación se cocine a fuego bajo durante 10 minutos más.
4. Licue la preparación, rectifique la sazón, aparte 50 gramos de este puré para emplearlo en los tamales, y reserve el resto para otros usos.

Tamales
1. Caliente la manteca de cerdo hasta que se derrita; añádale la hoja de aguacate, el diente de ajo y el chile puya, y déjela reposar durante algunos minutos.
2. Retire la hoja de aguacate, el ajo y el chile de la manteca y mézclela con la masa de maíz, sal al gusto y los 50 gramos del puré de hongos que reservó. Si fuera necesario, añada la cantidad de agua necesaria para obtener una masa manejable.
3. Precaliente una vaporera con agua. Coloque en cada cuadro de hoja de plátano 30 gramos de masa y cierre la hoja sobre sí misma para formar los tamales. Cueza los tamales en la vaporera durante 45 minutos o hasta que la masa se despegue fácilmente de la hoja.

Salsa macha
1. Ase los chiles cuaresmeños. Tueste los chiles restantes, los cacahuates, las pepitas de calabaza y el ajonjolí. Licue todo lo anterior con el aceite, los dientes de ajo y la sal. Reserve la salsa.

Hongos salteados
1. Saltee los hongos con el aceite. Añádales sal al gusto y resérvelos.

Setas encurtidas
1. Ponga a hervir el vinagre de vino blanco con el orégano, la pimienta gorda y sal de mar al gusto. Retire la preparación del fuego, añádale las setas y resérvela.

Montaje
1. Coloque en platos los tamales, sin la hoja, al centro del plato. Encima ponga los hongos salteados, bañe con la salsa macha y termine con las setas encurtidas y las rebanadas de champiñón sobre ellos.

Calabacitas criollas, chayote,
semilla de girasol y queso panela de cabra

Ingredientes para 4 porciones

Fermento de chile
- 4 limas
- 10 limones verdes
- 1 toronja
- 3-5 chiles serranos enteros
- 2 cucharadas de sal de mar

Vinagreta de limón amarillo confitado
- 1 limón amarillo
- 1 cucharada de azúcar no refinada de caña orgánica

- 4 cucharadas de fermento de chile
- 40 ml de aceite de oliva
- el jugo de 1 limón verde
- sal de mar al gusto

Puré de semillas de girasol
- 100 g de semillas de girasol sin cáscara, tostadas
- 50 ml de aceite
- sal de mar al gusto

Verduras
- 2 chayotes lisos enteros, sin cáscara
- 8 calabacitas largas en flor
- 4 calabacitas pattypan
- 2 calabacitas redondas de milpa

Montaje
- 1 queso panela de cabra congelado
- mezcla de chiles secos en polvo, al gusto
- pétalos de flores comestibles y brotes, al gusto

Procedimiento

Fermento de chile

1. Extraiga la ralladura de los cítricos, así como el jugo.
2. Muela en el molcajete los chiles serranos con la sal de mar. Incorpore la ralladura y el jugo de los cítricos hasta que la sal se haya disuelto y obtenga una mezcla homogénea.
3. Guarde la preparación en un frasco con tapa y consérvela en refrigeración durante 2 semanas como mínimo antes de utilizarla.

Vinagreta de limón amarillo confitado

1. Extraiga la cáscara y el jugo del limón y consérvelos por separado.
2. Retire la parte blanca a la cáscara y escáldela 3 veces, comenzando siempre con agua fría.
3. Mezcle el jugo de limón con el azúcar y cocine en esta mezcla la cáscara de limón hasta que quede transparente. Deje que la preparación se entibie.
4. Saque del líquido la cáscara de limón y píquela finamente. Regrésela al líquido y añádale el aceite de oliva, el jugo de limón verde y sal de mar al gusto. Reserve.

Puré de semillas de girasol

1. Licue las semillas de girasol con el aceite y la sal hasta obtener un puré terso. Resérvelo.

Verduras

1. Pese los chayotes y calcule en gramos el 15% de su peso. Pese este porcentaje en sal.

2. Coloque los chayotes en bolsas especiales para empacarlos al vacío, añádales la sal y selle las bolsas al vacío. Cocine los chayotes en un termocirculador o *runner* a 91 °C durante 45 minutos. Transcurrido el tiempo de cocción, sumérjalos de inmediato en agua fría con hielos. Extraiga de los chayotes rodajas finas con ayuda de una mandolina y resérvelas.
3. Sumerja las calabacitas largas en una olla con agua fría y colóquelas sobre el fuego. Deje que se cocinen sin que se suavicen demasiado; deben conservar una textura y consistencia firmes. Sáquelas del agua caliente y sumérjalas de inmediato en agua fría con hielos. Corte las calabacitas por la mitad a lo largo, manteniendo la forma de la flor. Resérvelas.
4. Corte las calabacitas pattypan por la mitad y cada calabacita bola en 6 gajos. Resérvelas.

Montaje

1. Ralle el queso congelado y consérvelo en el congelador.
2. Tateme en un sartén las calabacitas cocidas y condiméntelas con sal y aceite de oliva.
3. Distribuya todas las calabacitas en platos y condiméntelas con la vinagreta. Coloque algunos puntos del puré de semillas de girasol.
4. Disponga encima los chayotes laminados y espolvoree un poco del polvo de chile y del queso panela de cabra congelado y rallado. Decore con los pétalos y los brotes.

Pescado al sartén,
frijoles criollos, ayocotes, lentejas, garbanzos y quelites

Ingredientes para 4 porciones

Chalotes
- 2 chalotes picados finamente
- ⅓ de taza de vinagre de vino blanco
- ⅔ de taza de vino blanco

Caldo de pescado ahumado
- huesos y cabeza de pescado (ver Montaje)
- 1 hoja de alga kombu
- salsa de soya al gusto
- 1 cebolla

Quelites
- 500 g de quelites mixtos, deshojados
- jugo de limón, al gusto
- sal de mar al gusto

Montaje
- 100 g de frijoles criollos mixtos cocidos, a temperatura ambiente
- 100 g de garbanzos verdes cocidos, a temperatura ambiente
- 100 g de lentejas criollas cocidas, a temperatura ambiente
- 100 g de ayocotes cocidos, a temperatura ambiente
- 40 g de mantequilla avellanada
- 1 pescado entero sin vísceras, de 1.5 kg aproximadamente, cortado en filetes de 120 g aprox. (reserve los huesos y la cabeza para el caldo de pescado ahumado)
- 60 g de mantequilla
- 1 diente de ajo criollo entero
- 1 tallo de hinojo seco
- sal de mar al gusto

Procedimiento

Chalotes
1. Coloque sobre el fuego los ingredientes y deje que hiervan hasta que se evapore el líquido por completo. Reserve los chalotes.

Caldo de pescado ahumado
1. Precaliente un horno de leña y hornee en él los huesos y la cabeza de pescado hasta que se doren. Coloque estos ingredientes en una olla, cúbralos con agua fría y colóquelos sobre fuego bajo. Deje que se cocinen durante 6 horas y retire la preparación del fuego. Añada el alga kombu y deje que ésta se infusione. Sazone con salsa de soya y reserve este caldo.

Quelites
1. Lave los quelites. Cocínelos brevemente en un sartén, sin aceite, con un poco de sal y algunas gotas de jugo de limón. Resérvelos.

Montaje
1. Mezcle los frijoles con los garbanzos, las lentejas y los ayocotes. Resérvelos.
2. Caliente el caldo de pescado ahumado si estuviera a temperatura ambiente o frío. Añádale la mantequilla avellanada y los chalotes. Rectifique la sazón y resérvelo.
3. Fría los filetes de pescado en la mantequilla con el ajo criollo entero y el tallo de hinojo seco. Añádales sal de mar al gusto.
4. Distribuya en platos el caldo de pescado con las leguminosas. Coloque encima los filetes de pescado y los quelites.

Polenta, huitlacoche,
elote joven y queso Cotija

Ingredientes para 4 porciones

Polenta
- 1 ℓ de agua
- 200 g de polenta
- 50 g de mantequilla
- 100 g de queso Cotija rallado
- 100 ml de crema líquida
- sal de mar al gusto

Huitlacoche
- 50 g de mantequilla avellanada
- 40 g de cebolla morada picada finamente
- 1 chile serrano sin venas ni semillas, picado finamente
- 4 hojas de epazote picadas finamente
- 1 mazorca de huitlacoche desgranada
- sal de mar al gusto

Elotes jóvenes
- 8 elotes jóvenes con hojas

Montaje
- rodajas de cebolla cambray al gusto
- rodajas de chile serrano al gusto
- queso Cotija rallado, al gusto

Procedimiento

Polenta
1. Mezcle el agua con un poco de sal de mar y cocine en ella la polenta, o de acuerdo con las instrucciones del empaque.
2. Añádale la mantequilla, el queso y la crema. Rectifique la sazón y resérvela.

Huitlacoche
1. Sofría en la mantequilla avellanada la cebolla, el chile y el epazote sin que se doren. Incorpore el huitlacoche sin romperlo y deje que la preparación se cocine a fuego bajo hasta que el huitlacoche esté cocido. Añádale sal al gusto y resérvela.

Elotes jóvenes
1. Tateme en la parrilla los elotes con sus hojas. Colóquelos en un recipiente que tenga tapa, tápelos y déjelos reposar durante 20 minutos.
2. Retire las hojas a los elotes. Reserve estos últimos y tateme las hojas que no se hayan quemado.
3. Haga polvo las hojas tatemadas hasta que obtenga una ceniza. Pásela a través de un colador y resérvela.

Montaje
1. Distribuya la polenta en el fondo de los platos y coloque encima los elotes jóvenes y las rodajas de cebolla y chile. Espolvoree el queso Cotija y la ceniza de hojas de elote.

Cochinito de pinole,
piña y piloncillo

Ingredientes para 4 porciones

Piña tatin
- 100 g de azúcar refinada de caña orgánica
- 100 ml de jugo de limón
- la pulpa de 1 piña miel de 800 g aproximadamente, cortada en cubos pequeños
- 80 g de mantequilla

Crema pastelera de piloncillo
- 3 yemas
- 10 g de fécula de maíz
- 300 ml de leche
- 60 g de piloncillo rallado o granulado
- 40 g de mantequilla

Brunoise de piña y ron
- 200 g de piña miel cortada en *brunoise*
- 20 ml de jugo de piña
- 20 ml de ron artesanal

Cochinito de pinole
- 30 g de harina de trigo
- 75 g de mantequilla a temperatura ambiente
- 30 g de piloncillo
- 10 g de azúcar glass

Montaje
- 10 hojas de menta fresca, cortadas en tiras delgadas + hojas enteras al gusto

Procedimiento

Piña tatin
1. Coloque el azúcar en un sartén que tenga tapa y que pueda ser introducido al horno. Póngalo sobre el fuego y cocine el azúcar hasta que se convierta en un caramelo ligeramente oscuro.
2. Precaliente el horno a 180 °C.
3. Añada al caramelo el jugo de limón y los cubos de piña, mezcle bien, raspando el fondo del sartén para desglasarlo, tápelo y deje que la preparación se cocine a fuego bajo hasta que los cubos de piña se ablanden.
4. Destape el sartén, introdúzcalo al horno y hornéelo durante 20 minutos o hasta que el líquido se espese. Incorpore el caramelo con la piña en caso de que no estén bien integrados, y reserve la preparación tibia.

Crema pastelera de piloncillo
1. Blanquee las yemas con la fécula de maíz.
2. Ponga sobre el fuego la leche con el piloncillo. Cuando hierva, añada un poco de esta mezcla a las yemas y revuélvalas bien para temperarlas.
3. Añada todas las yemas a la leche caliente y cocine la preparación durante algunos minutos, sin dejarla de mover, hasta que la fécula se haya cocinado bien. Transfiérala a un tazón amplio para detener la cocción y cúbrala con plástico autoadherente, cerciorándose que toda la superficie de la crema tenga contacto con éste.
4. Incorpore la mantequilla a la crema cuando esta última tenga una temperatura de 35 °C. Cúbrala nuevamente con plástico autoadherente y déjela enfriar por completo. Consérvela en refrigeración.

Brunoise de piña y ron
1. Mezcle todos los ingredientes, introdúzcalos en una bolsa para empacar al vacío, y empáquelos. Resérvelos.

Cochinito de pinole
1. Mezcle todos los ingredientes hasta obtener una masa y déjela reposar en refrigeración durante 1 hora.
2. Precaliente el horno a 180 °C.
3. Estire la masa del grosor que desee sobre papel estrella. Corte de ella las galletas con un cortador en forma de cochinito y hornéelas durante 8 minutos. Déjelas enfriar.

Montaje
1. Monte la crema pastelera e introdúzcala en una manga con duya lisa mediana.
2. Forme en los platos la silueta de la galleta de cochinito con bombones de crema pastelera.
3. Distribuya dentro de las siluetas un poco de la piña tatin. Mezcle una parte del *brunoise* de piña y ron con las tiras de menta y póngalo encima. Coloque armónicamente unas cuantas hojas de menta.
4. Cubra la preparación con una galleta de cochinito.

La perfección al plato

De temperamento rebelde y obsesionado por la perfección, Francisco Ruano, originario de la ciudad de Guadalajara, se declara a sí mismo como "un inconformista permanente". Está al frente del restaurante Alcalde, considerado como uno de los mejores restaurantes del estado de Jalisco y de todo México. Tanto, que fue recientemente nombrado como el restaurante a seguir dentro de la lista The Latin America's 50 Best Restaurants de S. Pellegrino®.

Enamorado de los sabores que aprendió de la cocina tradicional de su estado, realizó sus estudios en su ciudad natal. Después decidió hacer una estancia profesional de cocina en Puerto Vallarta, donde estuvo bajo las órdenes del chef Thierry Blouet, propietario del reconocido Café des Artistes.

Después de un año en sus cocinas, se embarcó como cocinero en un crucero que hacía viajes a Alaska y el Caribe; a bordo aprendió la disciplina que requiere el dominio de los fogones. Una vez en tierra decidió matricularse en la escuela de cocina Luis Irizar, una de las más prestigiosas de España. Al graduarse realizó estancias profesionales en tres de los mejores restaurantes de Europa y del mundo: Mugaritz, del chef Andoni Luis Aduriz (País Vasco); el Celler de Can Roca, de los hermanos Roca (Girona), y Noma, del chef René Redzepi (Dinamarca).

En sus propias palabras asegura que su experiencia en las cocinas europeas influyó de forma determinante en su filosofía de cocina y los métodos que utiliza. "Aprendí la importancia de la cercanía de la cocina con la tierra y sus productos, y así fue como decidí que una constante en mi cocina sería la sencillez en las presentaciones". Éstas son sin duda dos de las cualidades imprescindibles en la cocina del aclamado restaurante Alcalde.

Francisco Ruano se ha identificado como el chef de la gran estética de la cocina moderna mexicana. Además de ofrecer al comensal sabores sorprendentes, cada uno de sus platos es un verdadero lienzo que traspasa la frontera de la creación plástica.

Ensalada de calabacitas
con sikil-pak y néctar de calabaza

Ingredientes para 4 porciones

Pétalos de calabaza
- 250 g de calabaza de Castilla, chilacayota o cualquier calabaza de carne compacta, cortada en gajos de 8 cm de grosor
- cantidad suficiente de aceite de oliva
- sal al gusto
- azúcar morena (opcional)

Puré de calabaza de Castilla
- 250 ml de pulpa de calabaza de Castilla licuada
- el jugo de 1 naranja agria
- 50 g de manteca de cacao
- 0.05 g de azafrán
- sal y azúcar al gusto

Sikil-pak
- 250 g de jitomate tatemado
- 30 g de ajo tatemado
- 1 chile habanero tatemado
- 300 g de pepitas de calabaza sin cáscara, tostadas
- 100 ml de aceite de pepita de calabaza
- 1 hoja de aguacate
- sal al gusto

Néctar de calabaza
- 1 kg de pulpa de calabaza de Castilla
- 2 granos de pimienta negra
- 30 ml de vinagre de vino blanco
- azúcar al gusto
- sal al gusto
- 40 ml de aceite de oliva extra virgen

Montaje
- sal y pimienta al gusto
- brotes y flores comestibles, al gusto

Procedimiento

Pétalos de calabaza
1. Precaliente el horno a 180 °C. Unte los gajos de calabaza con aceite de oliva y espolvoréelos con sal y azúcar morena si lo desea. Hornéelos hasta que la pulpa esté tierna pero aún firme. Sáquelos del horno y déjelos enfriar. Corte la pulpa de calabaza con un cortador circular de 3 centímetros de diámetro y rebánela lo más fino que le sea posible. Reserve.

Puré de calabaza de Castilla
1. Coloque sobre el fuego la pulpa de calabaza de Castilla licuada con el jugo de naranja agria, la manteca de cacao y el azafrán. Deje que se reduzca hasta que obtenga la consistencia de un puré espeso. Añada sal y azúcar al gusto y reserve.

Sikil-pak
1. Licue todos los ingredientes. Reserve.

Néctar de calabaza
1. Procese la pulpa de calabaza en un extractor de jugos y cuélelo a través de un colador fino. Coloque el jugo sobre el fuego junto con la pimienta y deje que se cueza hasta que obtenga la consistencia de un jarabe. Añada el vinagre, el azúcar y la sal al gusto. Retire el néctar del fuego, incorpórele el aceite de oliva hasta emulsionarlo y resérvelo.

Montaje
1. Coloque en platos un poco del puré de calabaza. Forme encima de él una flor, sobreponiendo los pétalos de calabaza. Espolvoree sal y pimienta al gusto. Añada un poco del néctar de calabaza, sirva con el sikil-pak y decore con brotes y flores al gusto.

Chayote blanco cocinado en mantequilla tostada
sobre consomé de hongos

Ingredientes para 4 porciones

Chayote
- 500 g de mantequilla
- 2 chayotes blancos sin cáscara y cortados por la mitad
- sal de Colima al gusto
- pimienta blanca recién molida, al gusto

Consomé de hongos
- 100 ml de aceite
- 200 g de hongos de temporada frescos
- 25 g de hongos secos
- 4 olotes asados, troceados
- 2 ℓ de caldo de verduras
- 50 g de perejil
- 50 g de epazote
- 100 g de cebolla asada
- 2 dientes de ajo
- 100 g de guías de calabaza
- sal al gusto

Montaje
- 120 g de pasta de piñón
- 40 g de nibs de cacao
- 10 g de hongos secos

Procedimiento

Chayote
1. Coloque sobre fuego alto la mantequilla y retírela del fuego cuando comience a cambiar su color a avellana. Viértala sobre los chayotes, cúbralos completamente con papel aluminio y déjelos reposar durante 15 minutos para que se cuezan. Retíreles el exceso de mantequilla, espolvoréeles sal y pimienta al gusto y resérvelos.

Consomé de hongos
1. Rehogue en el aceite los hongos frescos y secos junto con los trozos de olote durante un par de minutos. Incorpore el caldo de verduras junto con el perejil, el epazote, la cebolla, el ajo y las guías de calabaza. Deje que el consomé se cocine a fuego bajo durante 1 hora.
2. Cuele el consomé a través de un colador muy fino. Regréselo al fuego y deje que se cocine nuevamente hasta que obtenga el sabor y consistencia deseados. Añádale sal al gusto y resérvelo.

Montaje
1. Distribuya en el lado plano de las mitades de chayote la pasta de piñón. Coloque encima los nibs de cacao y los hongos secos. Sirva en platos con el consomé de hongos.

Coachala tostada

Ingredientes para 4 porciones

Adobo
- cantidad suficiente de manteca de pato
- 4 chiles puya sin semillas ni venas, asados
- 2 chiles de árbol (Yahualica) sin semillas ni venas, asados
- 2 chiles guajillo sin semillas ni venas, asados
- 350 g de tomates verdes tatemados
- 1 diente de ajo tatemado
- 100 g de piel de pollo
- 5 g de hojas de laurel
- 50 ml de vinagre blanco
- 50 ml de agua

Coachala
- 100 g de adobo
- 200 ml de caldo de pollo asado al carbón
- 200 g de masa de maíz amarillo criollo nixtamalizado de Tuxpan
- 100 g de hígados de pollo salteados
- 60 g de maíz criollo de Tuxpan, cocido
- aceite de oliva al gusto

Montaje
- ceniza de totomoxtle al gusto
- cebolla morada picada, al gusto
- cilantro criollo al gusto
- chile verde picado, al gusto
- cebolla picada, al gusto
- cilantro picado, al gusto
- tortillas de maíz, al gusto

Procedimiento

Adobo
1. Sofría en manteca de pato todos los ingredientes excepto el vinagre y el agua. Incorpore al sofrito estos dos últimos y licue hasta obtener una pasta homogénea.
2. Cocine el adobo con más manteca de pato hasta que quede reseco. Aparte 100 gramos para emplearlos en la coachala y reserve el resto para otros usos.

Coachala
1. Precaliente el horno a 250 °C.
2. Licue el adobo con el caldo de pollo, la masa de maíz y los hígados de pollo. Pase este molido a través de un colador fino, colóquelo sobre fuego bajo y deje que se cocine durante 20 minutos, moviéndolo constantemente para evitar que se pegue al fondo del recipiente.
3. Coloque en moldes individuales para hornear algunos granos de maíz cocidos. Añádales la preparación anterior y hornee las coachalas durante 35 minutos o hasta que se forme una costra en la superficie.

Montaje
1. Espolvoree cada coachala con la ceniza de totomoxtle y decore con la cebolla morada y el cilantro criollo. Rocíe estos últimos con el aceite de oliva y acompañe con el chile, la cebolla, el cilantro y las tortillas.

Estofado de caracoles y chorizo seco
con jugo asado y amaranto ahumado

Ingredientes para 2 porciones

Jugo asado
- 5 hojas de totomoxtle asadas
- 2 olotes asados
- 1 chayote asado
- 1 nopal asado
- 35 g de pepitas de calabaza sin cáscara, tostadas
- 500 ml de caldo de frijol pinto
- 200 g de tallos de verdolaga
- 50 g de epazote
- 50 g de cilantro

Amaranto ahumado
- 100 g de amaranto suflado
- 2 hojas de totomoxtle
- 1 puño de paja

Estofado
- 40 ml de aceite
- 130 g de caracoles precocidos
- 10 g de ajo macho cortado en *brunoise*
- 30 g de cebolla morada cortada en *brunoise*
- 2 g de chile guajillo cortado en julianas
- 30 g de hojas de verdolaga
- 2 g de hojas de epazote
- 2 g de cebollín
- jugo de limón al gusto
- 40 g de chorizo seco rallado
- sal al gusto

Montaje
- 40 g de pasta de jitomate asado
- 40 g de mantequilla
- jugo de limón al gusto
- hojas de epazote tierno, al gusto
- hojas de verdolaga fritas, al gusto
- cilantro criollo al gusto
- chorizo seco rallado, al gusto
- hongos secos troceados, al gusto

Procedimiento

Jugo asado
1. Ponga a hervir todos los ingredientes a fuego bajo durante 1½ horas. Cuele el caldo y añádale sal al gusto.
2. Aparte 300 mililitros para emplearlo en el montaje y reserve el resto para otros usos.

Amaranto ahumado
1. Ahúme en un ahumador un tercio del amaranto con las hojas de totomoxtle y la paja.
2. Mezcle el amaranto ahumado con el resto de éste y resérvelo.

Estofado
1. Sofría en el aceite los caracoles junto con el ajo y la cebolla durante un par de minutos. Añádales el chile guajillo, las hojas de verdolaga y epazote, el cebollín y el jugo de limón. Sofría la preparación durante un par de minutos más y agréguele el chorizo. Rectifique la cantidad de sal, retire el estofado del fuego y resérvelo.

Montaje
1. Coloque el amaranto ahumado sobre el fuego con los 300 mililitros de jugo asado que reservó y la pasta de jitomate. Deje que hierva durante 1 minuto y añádale el estofado. Incorpore la mantequilla y jugo de limón al gusto.
2. Retire la preparación del fuego y sírvalo con las hojas de epazote y verdolaga, el cilantro criollo, el chorizo seco y los hongos.

Tamal de maíz tierno con crema de rancho,
queso salado y dulce de flores

Ingredientes para 4 porciones

Tamal
- 150 g de granos de elote tierno, cocido
- 50 g de masa de maíz nixtamalizado
- 50 g de requesón
- 35 g de mantequilla
- 5 g de sal
- 20 g de azúcar

Dulce de flores
- 40 ml de almíbar TPT
- 1 vaina de vainilla
- 10 ml de miel de romero
- el jugo de 1 limón real
- 15 flores de izote
- 4 flores de mayo
- flores de romero al gusto
- flores de caléndula al gusto
- 5 g de flores de lavanda

Montaje
- 30 g de guayabas cocidas en almíbar TPT
- 25 g de crema de rancho
- 50 g de queso fresco salado
- pétalos de flores comestibles, al gusto

Procedimiento

Tamal
1. Licue todos los ingredientes hasta obtener una mezcla homogénea.
2. Sobre una superficie plana extienda 4 cuadros de plástico autoadherente de 20 centímetros. Distribuya equitativamente en ellos el molido de elote y forme esferas de masa con ayuda de cada plástico, evitando encapsular dentro mucho aire. Amarre cada porción con un cordón.
3. Cocine los tamales en agua hirviendo durante 35 minutos. Retírelos del fuego, sumérjalos en agua con hielo hasta que se enfríen y resérvelos.

Dulce de flores
1. Ponga el almíbar sobre el fuego con la vaina de vainilla, la miel de romero y el jugo de limón. Cuando llegue a 70 °C, añada las flores, retírelo del fuego y deje que repose durante 10 minutos.
2. Enfríe el dulce sobre un recipiente con hielos. Resérvelo.

Montaje
1. Caliente los tamales en agua hirviendo durante 10 minutos.
2. Coloque en platos los tamales, y encima, las guayabas cocidas. Sírvalos con la crema, el queso, el dulce de flores y los pétalos de flores.

Puebla es su mejor lienzo

Lizette Galicia es egresada del Instituto Suizo de Gastronomía y Hotelería en Puebla, institución que se distingue por la formación de alumnos comprometidos con la investigación culinaria de su localidad.

Aunado al férreo carácter de Liz como mujer emprendedora, al poco tiempo de graduarse decidió comenzar su carrera en Estados Unidos, donde forjó su carácter en un mundo que, desafortunadamente en muchas ocasiones, se sigue pensando solamente para hombres.

Este carácter combativo es el sello distintivo de Liz, quien con el paso de los años se ha abierto paso en este competido medio culinario como una cocinera que abarca una gran gama de competencias, desde llevar las riendas de un restaurante de vanguardia, como El Mural de los Poblanos, hasta ofrecer grandes banquetes en cenas de gala para embajadas de México en el mundo, festivales culinarios en todo México, o bien, en instancias internacionales, como los premios The World's 50 Best patrocinados por S. Pellegrino®.

Así, de regreso a nuestro país, la chef Galicia hizo mancuerna con el empresario restaurantero Luis Javier Cué, quien la invitó a dirigir la cocina de El Mural de los Poblanos, donde recrea los mejores sabores de la tradición poblana. A la par, se da el tiempo de reflexionar sobre el uso de los ingredientes que su estado legó al mundo, como la infinidad de frijoles, chiles y maíces, pues es bien sabido que Puebla es un centro milenario de transferencia biológica en el centro del país.

Actualmente Lizette Galicia se ha convertido en la más joven de las embajadoras de la cocina poblana, que durante siglos estuvo en manos de conventos y casonas señoriales, donde el imaginario popular guardó celosamente las recetas que ella actualmente ofrece a manos abiertas. Debido a lo anterior, considera que lo que requiere la cocina poblana hoy en día es una difusión frontal y sin cortapisas, para garantizar así su continuidad en las siguientes generaciones.

Ayocotes, chiles poblanos, cemitas, mole... la gama es infinita, pero Lizette conoce todos esos sabores y los monta en un lienzo que refleja la importancia de regresar a las raíces y enmarcar la tradición en un nuevo diálogo con la modernidad.

Tlacoyos de alverjón
con cecina y salsa borracha

Ingredientes para 4 porciones

Tlacoyos
- 100 g de alverjones previamente remojados en agua durante 12 horas, drenados
- 1 ℓ de agua
- 50 g de cebolla
- 20 g de manteca de cerdo
- 100 g de masa de maíz nixtamalizado
- sal gruesa al gusto

Salsa borracha
- 250 g de jitomates cortados por la mitad
- 50 g de chiles serranos
- 5 g de ajo
- 1 cucharada de manteca de cerdo
- 100 ml de pulque blanco
- sal al gusto

Montaje
- 120 g de cecina de res
- 1 cucharada de manteca de cerdo
- 30 ml de crema fresca (opcional)
- 25 g de queso fresco rallado
- hojas de cilantro, al gusto

Procedimiento

Tlacoyos
1. Ponga los alverjones en una olla y añádales el agua, la mitad de la cebolla y un poco de sal. Colóquelos sobre el fuego y deje que se cocinen hasta que estén suaves.
2. Pique finamente el resto de la cebolla y sofríala en la manteca. Escurra muy bien los alverjones cocidos y añádalos a la cebolla. Macháquelos hasta hacerlos puré y rectifique la cantidad de sal. Retire el puré del fuego y deje que se enfríe.
3. Amase con un poco de agua la masa hasta obtener una consistencia tersa y manejable. Forme con ella esferas de 30 gramos. Rellene cada una con un poco del puré de alverjón y deles forma triangular, palmeándolas con las manos hasta que obtenga tlacoyos de 1 centímetro de grosor.
4. Ase los tlacoyos en un comal por ambos lados hasta que se doren. Resérvelos.

Salsa borracha
1. Ase los jitomates, los chiles y el ajo. Macháquelos en un molcajete hasta obtener una textura martajada.
2. Ponga sobre el fuego una cacerola con la manteca. Cuando humee, vierta en ella el martajado de jitomate y deje que se cueza durante algunos minutos.
3. Añada el pulque y sal al gusto, y deje que la salsa se cueza a fuego medio durante 20 minutos. Resérvela.

Montaje
1. Ase la cecina y filetéela.
2. Fría los tlacoyos por ambos lados en la manteca de cerdo.
3. Cubra los tlacoyos con un poco de salsa borracha y distribuya encima la cecina, la crema (opcional) y el queso rallado. Sírvalos decorados con las hojas de cilantro.

Evite que los tlacoyos se doren en exceso durante la cocción para que no se endurezcan.
Si lo desea, sustituya el pulque por 50 mililitros de mezcal.

Ensalada de verdolagas
con tlalitos

Ingredientes para 4 porciones

Aderezo de aguacate
- 120 g de pulpa de aguacate
- 30 g de chiles jalapeños enteros, asados
- 100 ml de aceite de oliva
- 200 ml de vinagre blanco
- sal al gusto

Tostadas de maíz azul
- 200 g de masa de maíz azul nixtamalizado

Mezcla de verdolagas
- 50 g de cebolla morada fileteada
- 20 ml de vinagre blanco
- 200 g de jitomates, de preferencia de riñón
- 200 g de hojas de verdolagas
- 10 ml de aceite de oliva
- sal al gusto

Montaje
- 100 g de tlalitos
- 120 g de queso de cabra de consistencia suave, con 1 mes de maduración

Procedimiento

Aderezo de aguacate
1. Licue la pulpa de aguacate con los chiles jalapeños asados, el aceite de oliva, el vinagre y un poco de sal. Si considera que el aderezo está muy espeso, añádale un poco de agua. Resérvelo.

Tostadas de maíz azul
1. Mezcle la masa de maíz azul con un poco de agua hasta obtener una consistencia suave. Forme con ella tortillas y áselas en un comal o sartén hasta que se tuesten. Trocéelas ligeramente y resérvelas.

Mezcla de verdolagas
1. Desfleme la cebolla morada mezclando el vinagre en 200 mililitros de agua.
2. Corte los jitomates en mitades si son muy pequeños, o en cuartos si son grandes. Colóquelos sobre el fuego en un comal o parrilla muy caliente, con el lado expuesto hacia abajo, y deje que se asen sin moverlos para evitar que se deshagan.
3. Mezcle las verdolagas con la cebolla desflemada y los jitomates asados. Añádales el aceite de oliva y sal al gusto.

Montaje
1. Ponga la mezcla de verdolagas en platos y añádale los tlalitos. Sirva con el aderezo de aguacate y el queso de cabra. Acompañe con los trozos de tostadas de maíz azul.

Ayocotes con lechón

Ingredientes para 10 porciones

Ayocotes
- 1 kg de ayocotes remojados previamente durante un par de horas, drenados
- 150 g de cebolla
- 15 g de sal de grano
- 25 g de manteca de cerdo

Lechón
- 50 g de manteca de cerdo
- 1 lechón de 4.5 kg aprox. con huesos y piel, troceado
- 50 g de cebolla troceada
- 3 chiles serranos enteros
- 1 rama de romero fresco
- 355 ml de cerveza oscura

Montaje
- el jugo de 250 g de limones
- aceite de oliva al gusto
- sal y pimienta negra recién molida, al gusto
- 10 cebollas cambray sin tallos, cortadas por la mitad
- 1 chile serrano cortado en rodajas finas
- 200 g de rábanos cortados en cubos
- cantidad suficiente de manteca de cerdo
- 5 g de brotes de cilantro con flor
- 5 g de brotes de pápalo
- 5 g de brotes de pipicha

Procedimiento

Ayocotes
1. Ponga los ayocotes en una olla de presión; cúbralos con suficiente agua y añádales 50 gramos de cebolla y la sal de grano. Cuézalos durante 30 minutos aproximadamente o hasta que estén suaves pero firmes.
2. Licue una tercera parte de los ayocotes con el agua de cocción suficiente para obtener una salsa de consistencia muy ligera. Resérvela.
3. Pique finamente la cebolla restante y sofríala en la manteca de cerdo. Añada el resto de los ayocotes, deje que se sofrían un poco y retírelos del fuego. Resérvelos.

Lechón
1. Precaliente el horno a 180 °C.
2. Ponga sobre el fuego la manteca de cerdo en una cacerola que tenga tapa. Cuando esté caliente, sofría en ella los trozos de lechón junto con la cebolla, los chiles serranos y el romero. Cuando la cebolla esté dorada, añada la cerveza y deje que el líquido se reduzca un poco. Agregue la salsa de ayocotes, tape la cacerola e introdúzcala en el horno. Deje que se hornee durante 2.5 horas.
3. Saque del horno la preparación. Cuando esté tibia, deshuese los trozos de lechón procurando que los trozos de carne se conserven enteros.
4. Licue toda la salsa donde se coció el lechón con sólo 1 chile serrano. Deseche el resto de los chiles y reserve la salsa.
5. Ponga en un recipiente cuadrado de tamaño mediano, de acero inoxidable o de vidrio, los trozos de lechón, de forma que la piel quede en contacto con el recipiente. Ponga encima los trozos de lechón restantes, también con la piel hacia abajo, para formar capas uniformes con él.
6. Coloque un peso considerable y uniforme en toda la superficie del lechón. Introduzca el recipiente al congelador y déjelo allí durante 8 horas como mínimo.
7. Saque el lechón del congelador, desmóldelo y porcione el bloque en cuadros de 150 gramos. Introduzca las porciones en bolsas para empacar al vacío y empáquelas.

Montaje
1. Mezcle el jugo de limón con unas gotas de aceite de oliva y sal y pimienta negra al gusto.
2. Ase las cebollas cambray. Sumerja en la mezcla de jugo de limón las cebollas asadas, las rodajas de chile serrano y los cubos de rábano. Incorpore los ayocotes sofritos, rectifique la sazón y reserve.
3. Cocine en un termocirculador las porciones de lechón empacadas a 70 °C durante 8 minutos.
4. Dore en la manteca de cerdo los trozos de lechón por el lado de la piel.
5. Sirva en platos los trozos de lechón con la salsa de ayocotes. Acompañe con la mezcla de ayocotes, cebollas y rábanos, y decore con los brotes de cilantro, pápalo y pipicha.

Tortitas de huauzontle
y flor de calabaza

Ingredientes para 4 porciones

Tortitas
- 200 g de huauzontles
- 100 g de queso fresco en cubos medianos
- cantidad suficiente de aceite para freír
- 2 huevos batidos ligeramente
- 50 g de harina
- sal al gusto

Flores de calabaza
- 100 g de requesón
- 4 flores de calabaza
- sal al gusto

Salsa
- 750 g de jitomates
- 30 g de chiles guajillo
- 10 g de ajo
- 30 g de cebolla
- 500 ml de fondo de vegetales
- 15 ml de aceite
- 5 g de epazote
- sal al gusto

Montaje
- brotes mixtos al gusto

Procedimiento

Tortitas
1. Deshoje los huauzontles y deseche las ramas. Cuézalos en agua con sal y enfríelos, sumergiéndolos en agua fría con hielos.
2. Forme tortitas con los huauzontles, rellénelas de cubos de queso y compáctelas muy bien.
3. Precaliente el aceite. Añada un poco de sal a los huevos batidos. Enharine las tortitas de huauzontle y sacúdales el exceso de harina. Páselas por el huevo batido y fríalas. Reserve las tortitas de huauzontles, así como el huevo, la harina y el aceite sobrantes.

Flores de calabaza
1. Mezcle el requesón con sal al gusto. Retire y deseche con cuidado el interior de las flores de calabaza y rellénelas con el requesón.
2. Enharine las flores y sacúdales el exceso de harina. Páselas por huevo batido y fríalas. Resérvelas.

Salsa
1. Hierva en agua los jitomates con los chiles guajillo, el ajo y la cebolla. Drénelos y lícuelos a la máxima potencia con el fondo de vegetales. Cuele el molido.
2. Ponga sobre el fuego una cacerola con el aceite; cuando se caliente, vierta en ella la salsa. Añádale el epazote y un poco de sal y deje que hierva a fuego bajo durante 45 minutos.

Montaje
1. Sirva en platos las tortitas con las flores de calabaza y la salsa. Decore con los brotes.

Tamal de elote y macadamia
con crema de rompope

Ingredientes para 6 porciones

Tamales
- 100 g de masa de maíz nixtamalizado
- 100 g de mantequilla
- 150 g de manteca de cerdo
- 400 g de granos de elote
- 100 g de azúcar
- 50 ml de leche
- 3 g de polvo para hornear
- 150 g de nueces de macadamia tostadas y picadas
- 1 pizca de sal
- 6 hojas de maíz secas, hidratadas

Crema de rompope
- 2 yemas
- 90 g de azúcar
- 30 g de fécula de maíz
- 500 ml de leche
- 5 g de cáscara de limón
- 5 g de cáscara de naranja
- 2 g de canela en raja
- 25 ml de rompope
- 25 ml de ron blanco

Láminas de piña
- cantidad suficiente de agua
- 50 g de piloncillo
- 3 g de anís estrella
- 200 g de piña cortada en láminas muy finas

Procedimiento

Tamales
1. Mezcle la masa de maíz con la mantequilla y la manteca en la batidora hasta que la mezcla se esponje.
2. Licue los granos de elote con el azúcar y la leche. Incorpore a este molido la mezcla de masa de maíz y añada el polvo para hornear, la nuez de macadamia y 1 pizca de sal. Deje reposar la mezcla en refrigeración durante 20 minutos.
3. Precaliente una vaporera con agua. Coloque en cada hoja de maíz 2 cucharadas de la mezcla y ciérrelas sobre sí mismas para formar los tamales.
4. Coloque los tamales en la vaporera y deje que se cuezan durante 50 minutos.

Crema de rompope
1. Mezcle las yemas con la mitad del azúcar y la fécula de maíz.
2. Ponga sobre el fuego la leche con las cáscaras de limón y naranja, la canela y el resto del azúcar. Cuando hierva, cuélela.
3. Coloque la leche a baño María y añádale poco a poco, en forma de hilo, la mezcla de yemas sin dejar de batir. Cueza la preparación, sin dejarla de batir, durante 10 minutos. Añádale el rompope y el ron, bata por 5 minutos más y retírela del fuego.

Láminas de piña
1. Ponga sobre el fuego un poco de agua con el piloncillo y el anís estrella hasta obtener un jarabe.
2. Coloque las láminas de piña en una charola con papel encerado, barnícelas con el jarabe y déjelas reposar a temperatura ambiente durante 24 horas.
3. Precaliente el horno a 70 °C. Cuando el horno esté a la temperatura adecuada, hornee las láminas de piña durante 3 horas.

Montaje
1. Sirva cada tamal con una quenelle de crema de rompope y una lámina de piña deshidratada.

Arquitecto de sabores

Arquitecto de profesión, en 1996 el chef Gerardo Vázquez Lugo decidió abandonar su promisoria carrera para dedicarse a su verdadera pasión: la cocina mexicana.

Es heredero de la tradición de servicio y cocina de sus padres, Raymundo Vázquez y Elena Lugo Zermeño, fundadores hace 60 años del restaurante Nicos en la zona de Clavería, Ciudad de México. Realizó sus estudios culinarios en el Instituto de Cultura Culinaria (CUCUL), donde obtuvo mención honorífica en el Diplomado de Dirección de Restaurantes, bajo la tutela de la reconocida chef Alicia Gironella y de Giorgio De'Angeli, autores del *Larousse de la Cocina Mexicana*.

Desde entonces, la pasión de Gerardo por la cocina, y sobre todo por la investigación gastronómica, lo han llevado a viajar, literalmente, por todo el mundo a festivales gastronómicos, muestras, seminarios, clases, talleres y en cuanta actividad aparezca la frase: "cocina mexicana". Es en este ámbito que contribuyó como *sous chef* en la cena de gala ofrecida en el hotel Le Bristol de París, para apoyar la candidatura de la Cocina Tradicional Mexicana a integrarse en la lista del Patrimonio Cultural Inmaterial de la UNESCO. Años después fue invitado a la ceremonia donde finalmente se otorgó este nombramiento a nuestra cocina, la cual tuvo lugar en la ciudad de Nairobi, Kenia, el 16 de noviembre de 2010.

Ha ejercido una importante faceta como cocinero y académico en diversas instituciones educativas, como la Universidad del Claustro de Sor Juana (UCSJ), el CUCUL, el Centro Culinario Ambrosía (CCA) y la Universidad Nacional Autónoma de México (UNAM). Asimismo es conductor del programa televisivo de cocina mexicana que lleva por nombre *En tu cocina*, transmitido por Canal Once.

Hoy la cocina de Nicos está apegada a los preceptos del movimiento mundial *Slow Food*, del cual él es uno de sus promotores en México: una cocina más limpia, socialmente responsable y sobre todo justa y equitativa. En 2015 y 2016 formó parte de la lista The Latin America's 50 Best Restaurants, que patrocina S. Pellegrino®. A la par de sus trabajos al frente de la cocina del restaurante Nicos, fundó hace algunos años La Nicolasa, una tienda de productos que funciona como una verdadera cooperativa de productores, artesanos y campesinos, quienes a través de su peregrinar culinario acercan el campo a los mejores restaurantes del país.

Gorditas de la abuela
con maíz rosa

Ingredientes para 6 porciones

- 250 g de chorizo picado finamente
- 400 g de cebolla picada finamente
- 280 g de frijoles cocidos, sin caldo
- 150 g de chile serrano picado finamente
- 180 g de queso Oaxaca picado finamente
- 500 g de masa de maíz rosa nixtamalizado
- 100 g de manteca de cerdo
- sal al gusto
- queso fresco desmoronado, al gusto
- salsa verde o roja, al gusto

Procedimiento

1. Fría el chorizo en su propia grasa; añada la cebolla y déjela acitronar. Agregue los frijoles y deje que se cocinen durante 10 minutos. Incorpore el chile, deje sobre el fuego 5 minutos más y retire la preparación del fuego. Aparte 100 gramos y reserve el resto para otros usos.
2. Mezcle los 100 gramos de la preparación de chorizo y frijol con el queso Oaxaca.
3. Amase la masa de maíz con la manteca de cerdo y sal al gusto. Forme con ella gorditas, rellénelas con la mezcla de frijol y queso Oaxaca y cuézalas en un comal entre 30 y 40 minutos o hasta que no estén crudas por dentro.
4. Sirva las gorditas con el queso fresco y las salsas de mesa.

Sopa de frijol
en caldillo de ayocotes

Ingredientes para 8 porciones

Frijoles y caldillo
- 250 g de frijol vaquita rojo
- 250 g de frijol vaquita negro
- 250 g de cebolla troceada
- 100 g de ajo
- 1 kg de ayocotes
- 100 g de epazote
- 2 ℓ de agua
- sal al gusto

Montaje
- 150 g de jitomate picado
- 100 g de cebolla picada
- 50 g de cilantro picado
- 120 de cubos de queso fresco
- chiles de árbol fritos, al gusto
- flores de cilantro al gusto

Procedimiento

Frijoles y caldillo

1. Cueza los frijoles vaquita en agua dentro de una olla de presión con la cebolla y el ajo. Añádales sal al gusto fuera del fuego y resérvelos.
2. Hierva los ayocotes en suficiente agua hasta que se cuezan. Añádales el epazote y deje que hiervan durante algunos minutos más. Retire el epazote, licue los ayocotes con su caldo y coloque la sopa sobre el fuego. Deje que se cueza hasta que obtenga una consistencia de caldillo semiespeso, añádale sal al gusto y retírelo del fuego.

Montaje

1. Cuele los frijoles vaquita y mézclelos con el jitomate, la cebolla y el cilantro. Ponga esta mezcla en platos, distribuya los cubos de queso y los chiles de árbol, decore con las flores y sirva con el caldillo de ayocote.

Mextlapique
de trucha salmonada

Ingredientes para 6 porciones

Salsa de huitlacoche
- 100 ml de aceite
- 100 g de cebolla picada finamente
- 50 g de ajo picado finamente
- 120 g de chile serrano picado finamente
- 1 kg de huitlacoche
- 200 g de hojas de epazote
- cantidad suficiente de caldo de pollo
- sal al gusto

Mextlapique
- 9 filetes de trucha salmonada
- 50 g de sal
- 50 g de pimienta negra molida
- 100 ml de aceite de oliva
- 500 g de jitomates cortados en tercios
- 250 g de nopales cortados en tiras, cocidas
- 55 g de chile serrano cortado en julianas
- 250 g de cebolla morada cortada en julianas
- 25 g de epazote
- 12 hojas de maíz secas grandes, previamente hidratadas
- tiras de hojas de maíz secas, previamente hidratadas

Montaje
- mezcla de calabazas parrilladas y aliñadas con aceite de oliva, sal y pimienta, al gusto
- jitomates cherry partidos en cuartos, al gusto

Procedimiento

Salsa de huitlacoche
1. Sofría en suficiente aceite la cebolla, el ajo y el chile. Añádales el huitlacoche y cocine por 10 minutos. Agregue el epazote y deje la preparación sobre el fuego hasta que se cueza el huitlacoche. Licúela con un poco de caldo de pollo, añádale sal al gusto y resérvela.

Mextlapique
1. Coloque dentro de 6 hojas de maíz, en cada una, 1 filete de trucha; alíñelos con un poco de sal, pimienta y aceite de oliva. Reparta encima el jitomate, el nopal, el chile, la cebolla, el epazote y más aceite de oliva. Ponga ½ filete encima de cada porción y aliñe de nuevo con sal, pimienta y aceite de oliva. Cierre las hojas de maíz sobre sí mismas, envuelva estos envoltorios con otra hoja de maíz y amárrelos con las tiras de hojas de maíz.
2. Ase los mextlapiques en un comal, volteándolos a la mitad de la cocción, durante 7 minutos o hasta que los filetes estén cocidos.

Montaje
1. Sirva los mextlapiques con la salsa de huitlacoche, las calabazas parrilladas y los jitomates cherry.

Ensalada de la milpa

Ingredientes para 6 porciones

Vinagreta de cilantro
- 50 g de ajo
- 50 ml de jugo de limón
- 250 g de cebolla
- 55 g de chile verde
- 200 g de cilantro
- 25 g de sal
- 150 ml de vinagre
- 150 ml de aceite de oliva

Montaje
- 250 g de cebolla morada cortada en julianas
- 25 g de chile verde cortado en julianas
- 250 g de nopales cortados en tiras, cocidas
- 250 g de tomate verde cortado en láminas
- 250 g de jitomates cherry cortados por la mitad
- 250 g de frijoles vaquita cocidos
- 250 g de juliana de tortilla, frita
- hojas de begonia al gusto
- flores comestibles, al gusto

Procedimiento

Vinagreta de cilantro
1. Licue todos los ingredientes.

Montaje
1. Coloque todos los ingredientes en platos y báñelos con la vinagreta.

Postre de la ofrenda

Ingredientes para 6 porciones

- 250 g de maíz palomero
- 10 g de anís entero
- 10 g de pimienta negra entera
- 10 g de clavo entero
- 200 g de pulpa de zapote negro
- 200 ml de jugo de naranja
- 15 ml de mezcal
- 75 g de azúcar
- 250 g de helado de calabaza en tacha
- flores comestibles, al gusto
- obleas de colores, al gusto

Procedimiento

1. Ase el maíz palomero hasta que se reviente en palomitas. Triture el anís, la pimienta y el clavo, y mezcle este polvo con las palomitas. Resérvelas.
2. Licue la pulpa de zapote con el jugo de naranja, el mezcal y el azúcar.
3. Coloque en el plato un poco de la salsa de zapote y sobre ésta las palomitas con especias y el helado. Decore con las flores y las obleas y acompañe con el resto de la salsa.

Lucero Soto

Enlace de cocineras tradicionales

Una de las más grandes promotoras de la cocina michoacana es Lucero Soto Arriaga. Heredera de la tradición hotelera de su familia, Lu, como la conocen todos en Morelia, decidió un día trabajar en pro de su localidad y acercar a las grandes cocineras tradicionales del estado con la prensa especializada en cocina y con los chefs de vanguardia del momento. Así, el diálogo entre las cocinas de Michoacán y el resto del país se ha dado de manera lúdica; todos en este medio hemos aprendido de técnicas y también de sabores y saberes ancestrales.

Lucero estudió la carrea de mercadotecnia en el Instituto Tecnológico y de Estudios Superiores de Monterrey (ITESM); tiene una maestría en planificación y gestión de negocios de alimentos y bebidas por parte de la Universidad del Claustro de Sor Juana (UCSJ); y una especialidad en Pro Chef, en el Culinary Institute of America (CIA) de Hyde Park, en Nueva York. Asimismo estudió cocina y pastelería en la Escuela de Hostelería y Turismo de Valencia (EHTV), España.

"El gusto por la cocina me llegó por las experiencias vividas a lo largo de mi infancia en torno a la buena mesa que mi madre siempre procuraba; tenía a bien convidar, en medio de las cazuelas de mi nana, a las amigas o a las tías; eran grandes tertulias. A veces corría a esconderme en la cocina del hotel, me gustaba trabajar".

Años después los juegos en la cocina del hotel Casino, ubicado en los tradicionales portales del centro histórico de Morelia, se convirtieron en el gran proyecto gastronómico de Lucero. Así fundó Lu: Cocina Michoacana, un templo de sabores del estado donde ha innovado a través del respeto total a la tradición de los procesos y las técnicas de recetas ancestrales. A éstas, Lucero imprime un sello de modernidad a partir de un discurso nuevo: el de la revalorización de los productos del campo y de la tierra que los produce.

Es colaboradora recurrente de algunos suplementos de la prensa del estado como *Así sabe Michoacán* en el periódico La Voz de Michoacán, donde busca difundir el trabajo de las cocineras tradicionales de las siete regiones del estado. También, cuando su agenda lo permite, es catedrática de cocina mexicana en el Colegio Culinario de Morelia, pues para ella es fundamental que los cocineros que tienen alguna incidencia en el medio gastronómico local o nacional, den testimonio de su experiencia a las nuevas generaciones de estudiantes.

Durante dos años consecutivos Lu: Cocina Michoacana ha sido incluido en la lista de los mejores 120 restaurantes del país.

Taco de charal
para compartir

Ingredientes para 4 porciones

Láminas de aguacate
- 150 g de aguacate sin semilla
- 4 hojas de hierbabuena
- 4 hojas de albahaca
- 20 ml de aceite de aguacate
- sal de grano al gusto

Charales
- 100 ml de aceite de canola
- 30 g de harina de garbanzo
- 120 g de charales frescos[1]

Salsa molcajeteada
- 30 g de jitomate
- 5 g de cebolla
- 5 g de chile manzano o perón
- 1 g de ajo
- sal de grano al gusto

Mezcla de quelites
- 1 g de brotes de hierbabuena
- 1 g de brotes de epazote
- 1 g de brotes de chile

- 1 g de brotes de cilantro
- 1 cucharadita de vinagre de piña casero
- 1 cucharadita de aceite de aguacate
- 4 g de semillas de chiles tostadas
- sal de grano al gusto

Montaje
- flores comestibles, al gusto
- tallos de cebolla cambray, al gusto
- 4 tortillas de masa maíz azul[2] nixtamalizado recién hechas

Procedimiento

Láminas de aguacate
1. Corte en láminas delgadas el aguacate y deles forma circular con un cortador. Muela en un molcajete las hojas de hierbabuena y de albahaca con el aceite de aguacate y la sal. Unte esta mezcla en las rebanadas de aguacate y resérvelas.

Charales
1. Caliente el aceite a 180 °C. Enharine los charales con la harina de garbanzo y fríalos hasta que se doren ligeramente. Colóquelos sobre papel absorbente y resérvelos.

Salsa molcajeteada
1. Ase todos los ingredientes, excepto la sal, hasta que se tatemen. Muélalos en un molcajete con sal de grano al gusto y reserve.

Mezcla de quelites
1. Mezcle los brotes. Incorpóreles el vinagre de piña, el aceite de aguacate, las semillas de chile y sal de grano al gusto.

Montaje
1. Coloque las láminas de aguacate en forma circular sobre un plato. Ponga en el centro la salsa molcajeteada, los charales y la mezcla de quelites en forma piramidal. Decore con las flores y los tallos de cebolla cambray, y sirva con las tortillas de maíz azul.

[1] Charales de Rosalba Morales, Cocinera Tradicional Michoacana de San Jerónimo Purenchécuaro.
[2] Nativo de la cuenca de Pátzcuaro, proyecto Red Tsiri.

Ensalada de maíz

Ingredientes para 4 porciones

Vinagreta de chilacayote
- 30 g de chilacayote en conserva (Ver receta Antojo de mercado, pág. 164)
- 100 ml de vinagre de piña
- 20 ml de charanda
- 1 g de mostaza
- 1 g de ajo
- sal y pimienta al gusto
- 100 ml de aceite de oliva

Maíz rojo
- 10 g de cal
- 1.5 ℓ de agua
- 150 g de maíz rojo pozolero,[1] seco

Teja de queso Cotija
- 240 g de queso Cotija rallado

Guacamole
- 120 g de aguacate
- 25 g de tomate verde
- 3 g de albahaca
- sal al gusto
- cantidad suficiente de agua

Montaje
- 50 g de chorizo de Huetamo
- 200 g de hojas de espinaca tiernas
- hojas de verdolaga tiernas, al gusto
- hojas de lechuga sangría tiernas, al gusto
- flores comestibles, al gusto

Procedimiento

Vinagreta de chilacayote
1. Licue todos los ingredientes excepto el aceite. Sin dejar de licuar, añada el aceite en forma de hilo. Deje que la vinagreta repose durante 2 horas como mínimo antes de servirla.

Maíz rojo
1. Disuelva la cal en el agua y añádale el maíz. Coloque el maíz sobre el fuego, y cuando hierva, baje el fuego. Deje que se cueza hasta que esté suave y el hollejo se desprenda fácilmente. Retire el maíz del agua, deje que se enfríe y enjuáguelo bien para retirar cualquier resto de cal. Resérvelo.

Teja de queso Cotija
1. Divida el queso en 4 porciones. Coloque sobre el fuego un sartén circular de teflón pequeño y distribuya en él una porción de queso en forma de círculo. Cuando se haya dorado por debajo, dele la vuelta para que se dore por el lado contrario. Retire la teja del fuego y repita este paso con las 3 porciones de queso restantes.

Guacamole
1. Muela en la licuadora o procesador de alimentos todos los ingredientes. Pase el guacamole por un colador fino y resérvelo.

Montaje
1. Desmenuce el chorizo y fríalo en su propia grasa, que es poca, sin que se queme. Colóquelo en papel absorbente.
2. Mezcle el maíz rojo con una tercera parte de la vinagreta de chilacayote. Coloque sobre platos las tejas de queso Cotija y distribuya encima el maíz rojo. Acomode las hojas de espinaca, verdolaga y lechuga, e intercale en el borde de la teja gotas de guacamole y de vinagreta. Espolvoree el chorizo y decore con las flores.

[1] Nativo de la Cuenca del Lago de Pátzcuaro, proyecto Red Tsiri.

Atapakua de chilacayote

Ingredientes para 4 porciones

Atapakua
- 15 g de chile guajillo sin semillas
- 15 g de masa de maíz azul[1] nixtamalizado (puzcua)
- 1.2 ℓ de agua
- 1 cucharadita de vinagre blanco
- 10 g de chocolate de metate
- 4 pimientas gordas
- sal al gusto
- 15 g de piña
- 30 g de chilacayote tierno
- 1 hoja de aguacate asada
- 1 cucharada de aceite

Corundas
- 15 g de manteca
- 150 g de masa de maíz azul[1] nixtamalizado
- sal al gusto
- cantidad suficiente de hojas de carrizo

Chilacayote
- 2 chilacayotes tiernos
- 4 trozos de hoja santa
- sal al gusto

Montaje
- 4 trozos de hoja santa
- chapulines asados y hechos polvo, al gusto
- 4 brotes de maíz
- flores comestibles, al gusto

Procedimiento

Atapakua

1. Ase los chiles e hidrátelos en 1 taza de agua hasta que se suavicen. Sáquelos del agua y resérvelos.
2. Disuelva la masa en el agua y licúela con los chiles asados y los ingredientes restantes, excepto el aceite.
3. Coloque sobre el fuego una cacerola con el aceite; cuando esté caliente, añádale el molido anterior. Deje que se cocine a fuego bajo durante 20 minutos. En este momento ya no se debe distinguir el sabor de la masa y el chilacayote debe saber cocido. Reserve.

Corundas

1. Bata la manteca hasta que se esponje. Incorpórele la masa y sal al gusto.
2. Precaliente una vaporera. Forme una especie de cono pequeño con una hoja de carrizo y coloque dentro un poco de la mezcla. Forme y cierre el tamal envolviendo la mezcla con la hoja, de manera que quede de forma triangular. Repita este proceso con el resto de las hojas y la mezcla. Cocine los tamales en la vaporera durante 20 minutos.

Chilacayote

1. Corte los chilacayotes por la mitad. Coloque suficiente agua sobre el fuego; cuando hierva, añádale los chilacayotes, los trozos de hoja santa y sal al gusto. Deje que se cocinen durante 4 minutos, sáquelos del agua y resérvelos.

Montaje

1. Distribuya en cada plato 1 trozo de hoja santa, el polvo de chapulines, las corundas, los chilacayotes, los brotes de maíz y las flores. Coloque la atapakua en jarras individuales y sirva.

[1] Nativo de la Cuenca del Lago de Pátzcuaro, proyecto Red Tsiri.

Trucha arcoíris
con mole verde de quelites estilo Zitácuaro

Ingredientes para 4 porciones

Mole verde
- 20 g de cacahuates
- 10 g de nueces de macadamia
- 20 g de ajonjolí
- 10 ml de aceite
- 25 g de cebolla picada
- 1 g de ajo picado
- 20 g de chile güero sin semillas, troceado
- 1 taza de agua
- 1 pimienta gorda
- 1 clavo
- 85 g de tomates verdes
- 5 g de cilantro
- 50 g de quelites mixtos
- sal al gusto

Puré de alubia
- 50 g de alubias
- 5 g de chile chipotle seco
- 20 g de longaniza de Apatzingán
- 1 g de ajo picado
- sal al gusto

Habas
- 1 ℓ de agua
- 3 g de bicarbonato de sodio
- 35 habas verdes frescas

Montaje
- aceite al gusto
- 4 filetes de trucha arcoíris de Zitácuaro, con piel, de 90 g c/u
- sal al gusto
- brotes de chícharo, al gusto
- flores comestibles, al gusto

Procedimiento

Mole verde
1. Ase por separado los cacahuates y las nueces de macadamia hasta que estén brillosos sin estar quemados. Ase el ajonjolí hasta que comience a brincar.
2. Fría en el aceite los cacahuates, las nueces y el ajonjolí. Añádales la cebolla, el ajo, el chile güero, y sofríalos hasta que la cebolla se acitrone. Licue esta mezcla con los ingredientes restantes y coloque el mole sobre el fuego. Deje que se cocine durante un par de minutos, verifique la sazón y resérvelo.

Puré de alubia
1. Hierva las alubias en agua hasta que estén cocidas. Resérvelas.
2. Ase el chile chipotle e hidrátelo en agua caliente hasta que se suavice. Sáquelo del agua, retírele las semillas y resérvelo.
3. Fría la longaniza en su propia grasa y añádale el ajo. Incorpore el chile y las alubias, y licue la preparación hasta que quede tersa. Coloque el puré sobre el fuego y deje que se cocine hasta que se espese. Añádale sal al gusto y resérvelo.

Habas
1. Ponga sobre el fuego el agua con el bicarbonato. Cuando hierva, añádale las habas y retírelas del agua cuando estén cocidas.

Montaje
1. Coloque un sartén sobre el fuego con un poco de aceite y fría los filetes de trucha por el lado de la piel. Voltéelos, añádales sal y retírelos del fuego cuando estén cocidos.
2. Coloque en platos un poco del mole verde; encima ponga los filetes de trucha y a un lado un poco de puré de alubia. Distribuya en los platos las habas y los brotes de chícharo, y decore con las flores.

Antojo de mercado

Ingredientes para 4 porciones

Tamales de zarzamora
- 150 g de harina de maíz azul[1] nixtamalizado
- 1 ℓ de agua
- 350 g de zarzamora
- 250 g de azúcar

Helado de pasta
- 80 ml de leche
- 2 cucharadas de azúcar
- 125 ml de crema
- 2 cucharadas de leche en polvo
- 1 vaina de vainilla
- 1 yema
- 1 g de estabilizante para helado

Chilacayote en conserva
- 30 g de cal
- 750 ml de agua
- 100 g de chilacayote
- piloncillo al gusto
- clavo al gusto
- canela al gusto
- cardamomo al gusto

Pinole con especias
- 50 g de pinole
- 1 g de clavo molido
- 1 g de cardamomo molido
- 1 g de canela molida
- 5 g de piloncillo molido

Montaje
- zarzamoras, al gusto
- hojas de menta, al gusto
- flores de albahaca, al gusto

Procedimiento

Tamal de zarzamora
1. Disuelva la harina de maíz en la mitad del agua y cuélela. Licue la zarzamora con el azúcar y el resto del agua. Mezcle ambos molidos, coloque la preparación sobre el fuego y cocínela, sin dejarla de mover, hasta que quede un atole espeso y cocido.
2. Distribuya la preparación en hojas de elote y deles forma cuadrada. Refrigere los tamales.

Helado de pasta
1. Mezcle todos los ingredientes y colóquelos a baño María. Cocine la preparación, sin dejarla de mover con una pala, hasta que sea ligeramente espesa, y que al raspar el fondo de la cacerola con la pala, pueda ver éste. Deje enfriar.
2. Procese la mezcla en una sorbetera. Reserve el helado en congelación.

Chilacayote en conserva
1. Disuelva la cal en 500 mililitros de agua. Pele los chilacayotes, córtelos en cuadros y déjelos reposar en el agua con cal durante 24 horas. Sáquelos del agua y enjuáguelos.
2. Ponga a hervir a fuego bajo 250 mililitros de agua con los chilacayotes, el piloncillo, el clavo, la canela y el cardamomo por 3 horas. Reserve.

Pinole con especias
1. Mezcle todos los ingredientes y reserve.

Montaje
1. Espolvoree el pinole con especias en platos y distribuya en ellos los tamales de zarzamora, los chilacayotes en conserva y el helado de pasta. Decore con las zarzamoras, las hojas de menta y las flores de albahaca.

[1] Nativo de la Cuenca del Lago de Pátzcuaro, proyecto Red Tsiri.

Innovar a partir del ingrediente

Originario de la Ciudad de México, Jonatan Gómez Luna Torres es uno de los grandes representantes de la cocina mexicana contemporánea que actualmente forma parte de la llamada "nueva generación de chefs mexicanos". Se graduó del Centro Culinario Ambrosía (CCA) en la Ciudad de México y desarrolló una refinada técnica culinaria como practicante en algunos de los mejores restaurantes del mundo, todos ellos galardonados con dos y tres estrellas Michelin.

Hace casi una década, en 2008, nació el restaurante Le Chique, al interior del hotel Azul Sensatori, en la Riviera Maya. Este hotel es propiedad de la cadena Karisma Hotels & Resorts, con la que Gómez Luna ha laborado los últimos años como chef y recientemente como chef corporativo de desarrollo culinario. Hoy en día, Le Chique se encuentra entre los mejores, un ejemplo de ello fue el nombramiento en los Gourmet Awards de la revista *Travel+Leisure* México como el Mejor Restaurante de México.

Asimismo, Gómez Luna ha sido galardonado con una infinidad de premios, como ser el ganador de *Iron Chef* Canadá en 2012. Durante 2015, recibió un homenaje en el Wine & Food Festival de la Ciudad de México por ser uno de los grandes promotores de la cocina nacional. Asimismo, como parte de la iniciativa Ven a Comer, fue invitado a participar en diferentes destinos gastronómicos, como Londres y París.

La cocina de Gómez Luna ha sido homenajeada por grandes cocineros del mundo, como el chef Joan Roca, quien aseguró que "de llegar algún día a México las codiciadas estrellas Michelin, Gómez Luna y Le Chique tendrían que ser distinguidos con las máximas preseas". El suyo es sin duda uno de los menús-maridaje más espectaculares en las grandes mesas del mundo.

También dedica un espacio importante de su día a día a la difusión de los ingredientes de la península de Yucatán y ha hecho un llamado a la urgente necesidad de desarrollar los conceptos de la cocina del Caribe mexicano. En sus propias palabras: "Nada puede realizarse sin un gran equipo y una gran familia. Gracias a mi equipo por ser el equilibrio en medio de la locura, y a mi esposa e hijos por ser el motor y fuente de inspiración en esta gran carrera llamada vida".

Jonatan Gómez Luna

Sopa de milpa

Ingredientes para 4 porciones

Caldo de maíz
- 200 g de granos de elote
- 3 hojas de epazote
- 30 g de cebolla
- 300 ml de agua

Bizcocho de huitlacoche
- 60 g de clara
- 40 g de yema
- 40 g de isomalt
- 80 g de huitlacoche fresco
- 1 g de sal
- 1 g de polvo para hornear
- 10 g de harina de trigo

Bizcocho de chaya
- 60 g de clara
- 40 g de yema
- 40 g de isomalt
- 80 g de puré de chaya blanqueada
- 1 g de sal
- 1 g de polvo para hornear
- 10 g de harina de trigo

Iota de maíz
- 250 g de granos de elote amarillo, dulce
- 250 ml de agua
- 2 g de iota

Puré de huitlacoche
- 30 ml de aceite de maíz
- 50 g de cebolla
- 25 g de ajo
- 250 g de huitlacoche
- 5 hojas de epazote
- 100 ml de caldo de vegetales
- 2 g de sal

Hongos silvestres
- 15 ml de aceite
- 20 g de cebolla picada
- 5 g de ajo picado
- 30 g de hongos silvestres troceados (clavito, pambazo, escobetilla, entre otros)
- sal al gusto

Polvo de epazote
- 100 g de hojas de epazote

Polvo de cebolla tatemada y huitlacoche
- 220 g de cebolla
- 220 g de huitlacohe

Montaje
- 300 g de granos de maíz cocidos + 10 g tatemados
- 80 g de huitlacoche salteado y deshidratado
- 8 hojas de epazote
- 50 g de ajo tatemado
- 50 g de cebolla tatemada
- 10 g de chile serrano + 1 g cortado en láminas
- 25 g de pelos de elote (para la cafetera sifón)
- 20 g de totomoxtle quemado ligeramente
- 4.6 g de sal
- 5 g de láminas de cebolla cambray
- 2 g de láminas de rábano rojo
- 1 g de brotes de epazote
- 1 g de flores de cilantro
- 1 g de hojas de epazote
- 1 g de brotes de cilantro
- 1 g de brotes de maíz
- 1 g de brotes de frijol

Procedimiento

Caldo de maíz
1. Ponga sobre el fuego todos los ingredientes y deje que la preparación se cocine hasta que el maíz esté suave.
2. Licue los granos de maíz con el agua de cocción. Regrese la preparación al fuego y deje que se cueza hasta que obtenga la espesura deseada. Cuele y reserve.

Bizcocho de huitlacoche
1. Licue todos los ingredientes hasta que la mezcla quede homogénea.
2. Añada la mezcla a un sifón y cárguela con dos cápsulas de CO_2. Agítelo bien.
3. Distribuya la mezcla en vasos resistentes al calor, que tengan tres orificios en la base, y hornéelos durante 40 segundos en el horno de microondas.
4. Deje enfriar los bizcochos. Desmóldelos y resérvelos.

Bizcocho de chaya
1. Licue todos los ingredientes hasta que la mezcla quede homogénea.
2. Añada la mezcla a un sifón y cárguela con dos cápsulas de CO_2. Agítelo bien.
3. Distribuya la mezcla en vasos resistentes al calor, que tengan tres orificios en la base, y hornéelos durante 40 segundos en el horno de microondas.
4. Deje enfriar los bizcochos, desmóldelos y resérvelos.

Iota de maíz
1. Licue los granos de elote con el agua y cuele.
2. Ponga el molido sobre el fuego. Cuando hierva, añada la iota mientras bate con un batidor globo. Deje que hierva una vez más.

... continúa en la página 294

Huevito ahumado
+ salsa de habanero + cebolla quemada + chaya

Ingredientes para 4 porciones

Polvo de chaya
- 300 g de hojas de chaya
- 100 g de cebolla
- 50 g de chile dulce sin venas ni semillas
- 3 g de sal

Salsa de chile habanero y cebolla quemada
- 250 g de cebolla tatemada
- 3 g de chile habanero tatemado
- 50 ml de jugo de naranja agria
- 3 g de sal
- 0.5 g de goma xantana

Huevito de codorniz
- 4 huevos de codorniz
- 10 g de sal de Celestún

Procedimiento

Polvo de chaya
1. Precaliente el horno a 60 °C.
2. Blanquee la chaya. Séquela bien y resérvela.
3. Lamine la cebolla en una rebanadora de carnes frías en la medida número 0. Resérvela.
4. Corte en láminas muy finas el chile dulce.
5. Deshidrate en el horno todos los ingredientes durante 12 horas. Redúzcalos a polvo y guárdelo en un recipiente hermético.

Salsa de chile habanero y cebolla quemada
1. Licue la cebolla y el chile con el jugo de naranja agria y la sal hasta obtener una mezcla homogénea. Cuele la salsa, incorpórele la goma xantana y resérvela caliente.

Huevito de codorniz
1. Ponga sobre el fuego suficiente agua para sumergir los huevos. Cuando llegue a 90 °C, hierva en ella los huevos por 2 minutos. Sáquelos del agua caliente y sumérjalos en agua fría con hielos durante 1 minuto. Introdúzcalos de nuevo en el agua caliente durante 30 segundos y sumérjalos de nuevo en el agua fría. Déjelos reposar por 5 minutos.
2. Retire con cuidado el cascarón de los huevos junto con la membrana interna y deseche ambos.
3. Haga un orificio a cada huevo en la parte inferior y con ayuda de una pipeta extráigales la yema. Incorpore éstas a la salsa de chile habanero y cebolla quemada, caliente, y bata para emulsionarla. Rellene con ésta los huevos. Cubra el hueco con polvo de chaya y añádales un poco de sal de Celestún.

Montaje
1. Sirva los huevos en cajas de madera ahumadoras con madera de zapote.

El huevo
que quiso ser panucho

Ingredientes para 4 porciones

Cebolla morada encurtida
- 50 g de cebolla morada cortada en cuartos
- el jugo de 2 limones
- 3 g de sal

Cremoso de aguacate
- 125 g de pulpa de aguacate
- 12 ml de agua
- 5 ml de jugo de limón
- 2.5 g de sal

Salsa de jitomate y habanero
- 100 g de cebolla cortada en *brunoise*
- 30 ml de aceite
- 80 g de jitomate cortado en *brunoise*
- 5 g de chile habanero tatemado, sin venas ni semillas
- sal al gusto

Sopa de frijol espelón
- 100 g de frijoles espelón
- 100 g de cebolla morada fileteada
- 10 g de chile serrano cortado en rodajas

Huevo
- 2.5 hojas de gelatina previamente hidratada
- 5 g de gluconolactato
- 4 yemas
- moldes para huevo

Baño de alginato
- 15 g de alginato
- 10 gotas de colorante blanco hidrosoluble
- 1 ℓ de agua

Montaje
- 100 g de tortilla en julianas, fritas
- brotes y flores de cilantro al gusto

Procedimiento

Cebolla morada encurtida
1. Rebane los cuartos de cebolla en una rebanadora para obtener tiras muy delgadas. Blanquéelas y sumérjalas de inmediato en agua fría con hielos. Escúrralas.
2. Mezcle las tiras de cebolla con el jugo de limón y la sal. Resérvelas en refrigeración.

Cremoso de aguacate
1. Licue todos los ingredientes y reserve.

Salsa de jitomate y habanero
1. Sofría la cebolla en el aceite. Añádale el jitomate y sofríalo también, hasta que la preparación se caramelice un poco.
2. Incorpore a la salsa el chile y martájelo. Añádale sal al gusto y resérvela.

Sopa de frijol espelón
1. Ponga a hervir en agua los frijoles espelón hasta que estén suaves.
2. Lícuelos con un poco del agua de cocción hasta que obtenga una consistencia de crema ligera. Cuele y reserve.
3. Sofría la cebolla con el chile. Añada el molido de frijol y sal al gusto. Cuele la sopa, aparte 150 mililitros para esta receta y reserve el resto para otros usos.

Huevo
1. Funda las láminas de gelatina en los 150 mililitros de sopa de frijol espelón, caliente, que reservó. Disuelva en ella el gluconolactato.
2. Vierta la preparación de frijol a los moldes de huevo. Añada con cuidado a cada uno las yemas y deje que cuajen durante algunos minutos. Introdúzcalos al refrigerador hasta que cuajen perfectamente.

Baño de alginato
1. Disuelva el alginato y las gotas de colorante blanco en el agua y desmolde los huevos sumergiéndolos en ésta durante 25 minutos, dándoles vuelta cada 5 minutos.
2. Enjuáguelos perfectamente con agua y refrigérelos hasta el momento de servirlos.

Montaje
1. Cocine los huevos en un termocirculador a 85 °C durante 6 minutos.
2. Sirva los huevos sobre las julianas de tortilla fritas. Acompáñelos con la cebolla morada encurtida, el cremoso de aguacate y la salsa de jitomate y habanero. Decore con los brotes y flores de cilantro.

Pipián de chaya

Ingredientes para 10 porciones

Puré de chaya (200 g)
- 200 g de hojas de chaya
- 10 g de espuma de sal de Celestún

Hoja crujiente de chaya
- 300 g de papa cocida
- 100 g de pepita tostada y molida
- 40 g de puré de chaya
- 2 g de espuma de sal de Celestún
- cantidad suficiente de aceite para freír

Pipián
- 80 g de chile poblano
- 3 dientes de ajo
- 150 g de cebolla
- 500 g de tomate verde
- 300 g de pepitas de calabaza
- 2 ℓ de caldo de pollo
- 10 pimientas negras
- 3 clavos
- 100 g de hojas de chaya blanqueadas
- 15 g de hojas de cilantro blanqueadas
- cantidad suficiente de espuma de sal de Celestún

Procedimiento

Puré de chaya
1. Blanquee las hojas de chaya en suficiente agua con la espuma de sal de Celestún y séquelas muy bien. Hágalas puré con 80 mililitros del agua de cocción y resérvelo.

Hoja crujiente de chaya
1. Precaliente el horno a 100 °C. Licue todos los ingredientes hasta que obtenga una mezcla tersa sin grumos.
2. Extienda una capa delgada de la preparación en moldes en forma de hoja de chaya, y hornee durante 40 minutos.
3. Precaliente abundante aceite a 180 °C, así como un deshidratador a 55 °C.
4. Desmolde las preparaciones en forma de hoja de chaya, verifique que el aceite esté a la temperatura adecuada y fríalas.
5. Reserve las hojas de chaya en un deshidratador con papel absorbente.

Pipián
1. Licue el chile poblano con el ajo, la cebolla y el tomate. Ponga sobre el fuego el molido y deje que se cueza durante 15 minutos.
2. Licue las pepitas de calabaza con 1 litro de caldo de pollo, las pimientas y los clavos. Añada este molido a la preparación de chile poblano y deje que se cueza durante 15 minutos más.
3. Licue las hojas de chaya y de cilantro con 500 mililitros del caldo de pollo y añádalas a la preparación con el caldo de pollo restante. Transcurridos 10 minutos de cocción, cuele la preparación y añada espuma de sal de Celestún al gusto.

Montaje
1. Sirva el pipián con el puré de chaya y las hojas crujientes de chaya.

Pozol + coco

Ingredientes para 4 porciones

Esferas
- 200 g de masa de pozol
- 100 g de azúcar
- 200 ml de agua de coco
- 200 g de coco fresco rallado

Bombón líquido
- 100 g de chocolate blanco
- 150 g de manteca de cacao
- 20 g de chocolate oscuro al 75 %

Polvo de pozol
- 50 g de maíz liofilizado
- 30 g de azúcar morena
- 20 g de coco liofilizado

Montaje
- cantidad suficiente de nitrógeno líquido

Procedimiento

Esferas
1. Licue todos los ingredientes. Cuele la preparación a través de una *superbag* y déjela reposar durante 2 horas. Cuélela nuevamente a través de un colador fino.
2. Ponga la mezcla en moldes de esfera con capacidad de 15 mililitros y congélelos.

Bombón líquido
1. Funda todos los ingredientes y reserve.

Polvo de pozol
1. Muela todos los ingredientes hasta hacerlos polvo. Cuele para retirar los grumos y reserve.

Montaje
1. Desmolde las esferas y páselas por nitrógeno líquido. Trámpelas en el bombón líquido y déjelas reposar en refrigeración.
2. Pase las esferas por el polvo de pozol y sirva.

Hagamos país

La chef Lula Martín del Campo es una de las grandes profesionales de la cocina mexicana. Egresada de la especialidad de Administración de Instituciones de la Universidad Panamericana (UP), inició su carrera profesional en 1995, cuando abrió su primer restaurante de comida italiana.

Años después tomó el puesto de chef ejecutiva del grupo hotelero Habita, sin duda un parteaguas en su carrera profesional, ya que adquirió gran experiencia teniendo a cargo el servicio de alimentos y bebidas de hoteles, como Habita, en ese entonces uno de los primeros hoteles boutique en Polanco; y los hoteles Deseo y Básico, ambos en Playa del Carmen. Por más de cinco años dirigió, junto a su hermano Nicolás, un servicio de *catering* y banquetes: Nico y Lula Catering.

Quienes la conocen saben que Lula es literalmente "una adorada", pues su carisma, profesionalismo y sencillez le han abierto las puertas en todo el mundo para ofrecer vistosos festivales de cocina mexicana en India, España, Estados Unidos y todo México. Es egresada del diplomado de Cocina Mexicana, de la Escuela de Gastronomía Mexicana (ESGAMEX), de los maestros Yuri de Gortari y Edmundo Escamilla con quienes comparte el lema "Hagamos País".

Desde hace algunos años es la chef ejecutiva del comedor de directores y clientes del banco HSBC, donde también es embajadora de Mundo Epicúreo, un programa gastronómico de la banca privada que apoya causas sustentables.

Asimismo es chef propietaria del restaurante Roca, en la zona de las Lomas de Chapultepec, y recientemente inauguró un nuevo concepto: Cascabel, restaurante en la zona financiera de Santa Fe, Ciudad de México, donde promueve el consumo de productos e ingredientes que ella cocina y ofrece en una innovadora carta, o que el comensal se puede llevar a granel para así prepararlos en casa.

También es autora del libro recetario *Lula Chef*; y por otra parte apoya a una comunidad de artesanas en la zona de los altos de Chiapas, a quienes les da trabajo desde hace años en la creación de bordados en filipinas o juegos de mantelería para sus restaurantes o los de muchos cocineros en el medio gastronómico nacional.

Gorditas de huitlacoche

Ingredientes para 4 porciones

Salsa verde cruda
- 5 tomates verdes
- ¼ de cebolla
- 1 taza de cilantro
- 1 chile cuaresmeño
- 2 cucharadas de jugo de limón
- sal al gusto

Relleno de huitlacoche
- 1 cucharada de aceite
- 2 cucharadas de cebolla picada
- 2 dientes de ajo picados
- 200 g de huitlacoche
- 1 chile cuaresmeño picado
- 2 cucharadas de hojas de epazote fileteadas

Gorditas
- cantidad suficiente de aceite para freír
- 250 g de masa de maíz nixtamalizado
- sal al gusto
- cantidad suficiente de agua

Montaje
- 150 ml de crema de rancho
- 100 g de queso fresco rallado

Procedimiento

Salsa verde cruda
1. Licue todos los ingredientes y reserve.

Relleno de huitlacoche
1. Acitrone en el aceite la cebolla y el ajo. Añádales el huitlacoche, el chile y el epazote, y deje que la preparación se cocine entre 10 y 15 minutos. Agregue sal al gusto y reserve este relleno.

Gorditas
1. Precaliente el aceite.
2. Mezcle la masa con un poco de sal y la cantidad suficiente de agua hasta que quede tersa y húmeda para ser manejable.
3. Forme gorditas de tamaño mediano y fríalas en el aceite.

Montaje
1. Abra las gorditas por la mitad con ayuda de un cuchillo y rellénelas con el huitlacoche. Acompáñelas con la salsa verde, crema de rancho y queso rallado.

Sopa de
maíz cacahuacintle

Ingredientes para 4 porciones

Sopa
- 2 cucharadas de aceite
- ¼ de cebolla
- 2 dientes de ajo
- 3 jitomates guajes troceados
- 2 chiles guajillos sin venas ni semillas
- 1 ℓ de fondo de pollo
- 350 g de maíz cacahuacintle precocido
- sal al gusto

Montaje
- 4 cucharaditas de mayonesa
- 1 cucharada de chile piquín molido
- 3 cucharadas de queso fresco rallado
- pétalos comestibles, al gusto (opcional)
- tercios de limón al gusto

Procedimiento

Sopa
1. Sofría en el aceite la cebolla, el ajo, el jitomate y el chile guajillo. Licue los ingredientes, cuele y añada un poco de sal.
2. Coloque sobre el fuego el fondo de pollo, añada el molido de jitomate y deje que el caldo se cocine durante 10 minutos.
3. Añada al caldo el maíz cacahuacintle, deje que hierva un par de minutos y rectifique la sazón.

Montaje
1. Sirva en platos hondos el maíz cacahuacintle sin caldo con la mayonesa, el chile piquín y el queso. Decore con los pétalos si lo desea, y sirva en los platos el caldo frente al comensal. Acompañe con los tercios de limón.

Ensalada de calabacitas,
nopales y quelites

Ingredientes para 4 porciones

Vinagreta de mostaza
- ¾ de taza de aceite de oliva
- ¼ de taza de vinagre de vino blanco
- 1 cucharada de mostaza a la antigua
- sal al gusto
- jugo sazonador al gusto
- salsa inglesa al gusto

Ensalada
- 2 nopales grandes cortados en cuadros
- 2 cucharadas de sal de grano
- 2 calabacitas largas cortadas por la mitad o en cuartos
- 1 cucharada de aceite
- sal al gusto
- ½ taza de romeritos
- ½ taza de hojas de verdolagas
- ½ taza de quintoniles
- 2 jitomates guajes cortados en cubos
- ½ chile ancho tatemado, sin venas ni semillas, troceado

Procedimiento

Vinagreta de mostaza
1. Mezcle todos los ingredientes con un batidor globo hasta emulsionarlos.

Ensalada
1. Mezcle los cuadros de nopales con la sal de grano y déjelos reposar durante 1 hora. Enjuáguelos y escúrralos.
2. Cocine las calabacitas en un sartén o parrilla con el aceite. Añádales sal y resérvelas.
3. Mezcle los nopales con las calabacitas y el resto de los ingredientes, excepto el chile ancho. Incorpore la vinagreta.
4. Distribuya en platos la ensalada y espolvoree encima el chile ancho.

Puchero de frijol

Ingredientes para 4 porciones

Puchero

- 500 g de frijoles negros
- 3 dientes de ajo
- ¾ de cebolla
- 1.2 kg de chambarete de res sin hueso
- hierbas de olor al gusto
- 100 g de ejotes cortados en trozos pequeños
- 2 zanahorias cortadas en tercios
- 2 calabacitas cortadas en cuartos
- 2 elotes cortados en cuartos
- sal al gusto

Montaje

- 4 rábanos cortados en rodajas
- 4 tazas de arroz blanco cocido (opcional)
- tercios de limón, al gusto (opcional)
- ¼ de cebolla picada (opcional)
- 3 chiles verdes picados (opcional)

Procedimiento

Puchero

1. Ponga a cocer los frijoles en una olla de presión con suficiente agua, 1 diente de ajo y ¼ de cebolla durante 1 hora. Retire la olla del fuego y deje que se entibie. Cerciórese de que haya salido toda la presión de la olla, ábrala, cuele los frijoles y reserve éstos y el caldo por separado.
2. Cueza en la olla de presión el chambarete con suficiente agua, el resto de los ajos y la cebolla, las hierbas de olor y sal al gusto durante 1 hora. Retire la olla del fuego y deje que se entibie. Cerciórese de que haya salido toda la presión de la olla, ábrala, deje que la carne se enfríe y deshébrela. Reserve.
3. Cueza por separado los ejotes, las zanahorias y las calabacitas en suficiente agua con sal. Ase los elotes hasta que se cuezan.

Montaje

1. Distribuya en platos hondos la carne deshebrada, los frijoles y las verduras. Decore con unas cuantas rodajas de rábano y sirva el caldo de frijol frente al comensal. Acompañe, si lo desea, con el arroz, los tercios de limón, la cebolla, el chile y las rodajas restantes de rábano.

Helado de pinole

Ingredientes para 4 porciones

- 200 g de yemas
- 200 g de azúcar
- 750 ml de leche
- 150 g de crema para batir
- 1 taza de pinole de maíz azul
- obleas de colores, al gusto

Procedimiento

1. Mezcle las yemas con el azúcar.
2. Ponga sobre el fuego la leche con la crema. Cuando hiervan, incorpóreles la mezcla de yemas. Cocine la preparación durante 10 minutos a fuego bajo sin dejarla de mover. Incorpore el pinole.
3. Transfiera la mezcla a una máquina para helados y procésela de acuerdo con las instrucciones del fabricante, o haga el helado de forma artesanal como sigue: ponga la mezcla dentro de una olla pequeña, y ésta dentro de una olla más grande con hielos y sal de grano; de vueltas a la olla pequeña hasta que la mezcla se congele.
4. Sirva el helado con las obleas.

Regresar a los orígenes

Jorge Vallejo es originario de la Ciudad de México, lugar que ha visto crecer en tamaño y en oferta gastronómica. Hoy, es uno de los jóvenes cocineros mexicanos con mayor reconocimiento en el medio gastronómico, dentro y fuera del país, debido a una sólida trayectoria, siempre en ascenso, basada en el completo conocimiento de los productos nacionales.

Luego de descubrir su vocación en la adolescencia, decidió ingresar al Centro Culinario de México para estudiar Administración y Artes Culinarias. Su espíritu inquieto lo llevó a embarcarse, en 2004, a bordo de la línea de cruceros Princess, en la que trabajó en recorridos por todo el mundo. A su regreso, se incorporó al equipo del restaurante Pujol, del chef Enrique Olvera, para después ser chef corporativo del grupo hotelero Habita, donde dirigió las cocinas del Hotel Condesa DF; Hotel Habita, en Polanco, y Hotel Distrito Capital, en Santa Fe.

Más tarde, en 2010, fue chef ejecutivo del restaurante Diana en el hotel The St. Regis. Dejó ese cargo para realizar una estancia en el reconocido restaurante Noma, del chef René Redzepi, en Copenhague, Dinamarca.

El año clave de su carrera fue 2012: inauguró, junto con su esposa y socia Alejandra Flores, el restaurante Quintonil, ubicado en la zona de Polanco, en la Ciudad de México. Debido al trabajo constante de su servicio y cocina, obtuvieron reconocimientos de manera inmediata, pues fueron nominados en los premios Gourmet Awards 2012 de la revista *Travel+Leisure México*, en la categoría de Mejor Restaurante Nuevo.

Ese mismo año, junto con los chefs Mauro Colagreco (restaurante Mirazur, Francia) y Virgilio Martínez (restaurante Central, Lima, Perú), pusieron en marcha la iniciativa Orígenes, para recuperar y preservar productos, técnicas y costumbres culinarias que sobreviven en pequeñas comunidades de Latinoamérica.

En septiembre de ese año fue invitado a la cena organizada por The Best Chef —organización que promueve a los nuevos talentos gastronómicos a nivel internacional— para los 100 mejores chefs del mundo, en la ciudad de Lyon, Francia. Además, durante tres años el restaurante Quintonil ha formado parte de la lista The World's 50 Best Restaurants publicada por la revista inglesa *Restaurant*. En 2016 ingresó a la lista de Los 300 Líderes más Influyentes de México.

Ceviche de nopal

Ingredientes para 8 porciones

Nopales curados en sal
- 1 kg de nopales
- 1.5 ℓ de agua
- 30 g de sal de grano

Jugo de betabel y naranja
- 2 ℓ de jugo de naranja
- 1 betabel grande pelado

Base de ceviche de nopal
- 150 g de cebolla
- 100 g de apio
- 10 g de ajo
- 35 g de tomate verde
- 10 g de sal gruesa
- 15 g de cilantro

Jugo de ceviche de nopal ahumado
- cantidad suficiente de nopales
- 450 g de agua
- 50 g de azúcar
- 20 g de sal gruesa
- 1 trozo de 50 g de carbón
- 1 cucharadita de aceite

Montaje
- 20 g de jitomate bola cortado en *brunoise*
- 20 g de cebolla cortada en *brunoise*
- 20 g de pulpa de aguacate cortada en *brunoise*
- 10 ml de jugo de limón
- 30 g de brotes de cilantro criollo
- 40 g de pepino sandía cortado en láminas
- 4 flores de caléndula
- salicornias al gusto
- 40 ml de aceite de cilantro
- sal al gusto

Procedimiento

Nopales curados en sal
1. Corte los nopales en cubos de 1 centímetro. Reserve los recortes para elaborar el jugo de ceviche de nopal ahumado. Mezcle los cubos de nopal con el agua y la sal, introdúzcalos en bolsas para empacar al vacío y empáquelos en un ciclo de 30 segundos. Saque los nopales de las bolsas y enjuáguelos muy bien hasta retirarles el exceso de mucílago. Resérvelos.

Jugo de betabel y naranja
1. Corte el betabel en láminas de 1.5 milímetros y añádalas al jugo de naranja. Introduzca estos ingredientes en una bolsa para empacar al vacío, empáquelos y cocínelos en un termocirculador a 62.5 °C durante 1 hora. Sáquelos de la bolsa y cuele las láminas. Aparte 80 gramos de las láminas de betabel y 600 mililitros de jugo de naranja para emplearlos en el montaje de esta receta, y reserve el resto para otros usos.

Base de ceviche de nopal
1. Procese en una Thermomix® todos los ingredientes durante 4 minutos. Aparte 45 gramos para elaborar el jugo de ceviche de nopal ahumado de esta receta, y reserve el resto para otros usos.

Jugo de ceviche de nopal ahumado
1. Pese los recortes de nopal que reservó y complete con los nopales suficientes para obtener 450 gramos. Tritúrelos en una Thermomix® con el agua, los 45 gramos de base de ceviche de nopal que reservó, el azúcar y la sal gruesa durante 5 minutos a velocidad máxima. Pase la mezcla por un colador fino, introduzca el jugo en bolsas para empacar al vacío y empáquelas por 3 ciclos de 30 segundos cada uno. Transfiera el jugo a un recipiente que pueda tapar fácilmente con papel aluminio.
2. Ponga el carbón en un recipiente de acero inoxidable y enciéndalo. Cuando esté al rojo vivo, viértale el aceite para que comience a ahumarse, colóquelo dentro del jugo y tápelo de inmediato con papel aluminio para evitar que el humo se escape. Deje dentro el carbón durante 20 minutos y sáquelo. Aparte 400 mililitros de este jugo para emplearlo en el montaje de esta receta y reserve el resto para otros usos.

Montaje
1. Mezcle los nopales curados en sal con el jitomate, la cebolla, el aguacate, el jugo de limón y sal al gusto. Distribúyalos en platos y decore con los 80 gramos de láminas de betabel que reservó, los brotes de cilantro criollo, las láminas de pepino sandía, los pétalos de flor de caléndula y las salicornias. Vierta en el fondo del plato el jugo de ceviche de nopal ahumado que reservó, termine rociando algunas gotas de aceite de cilantro. Acompañe con el jugo de betabel y naranja que reservó, servido en copas.

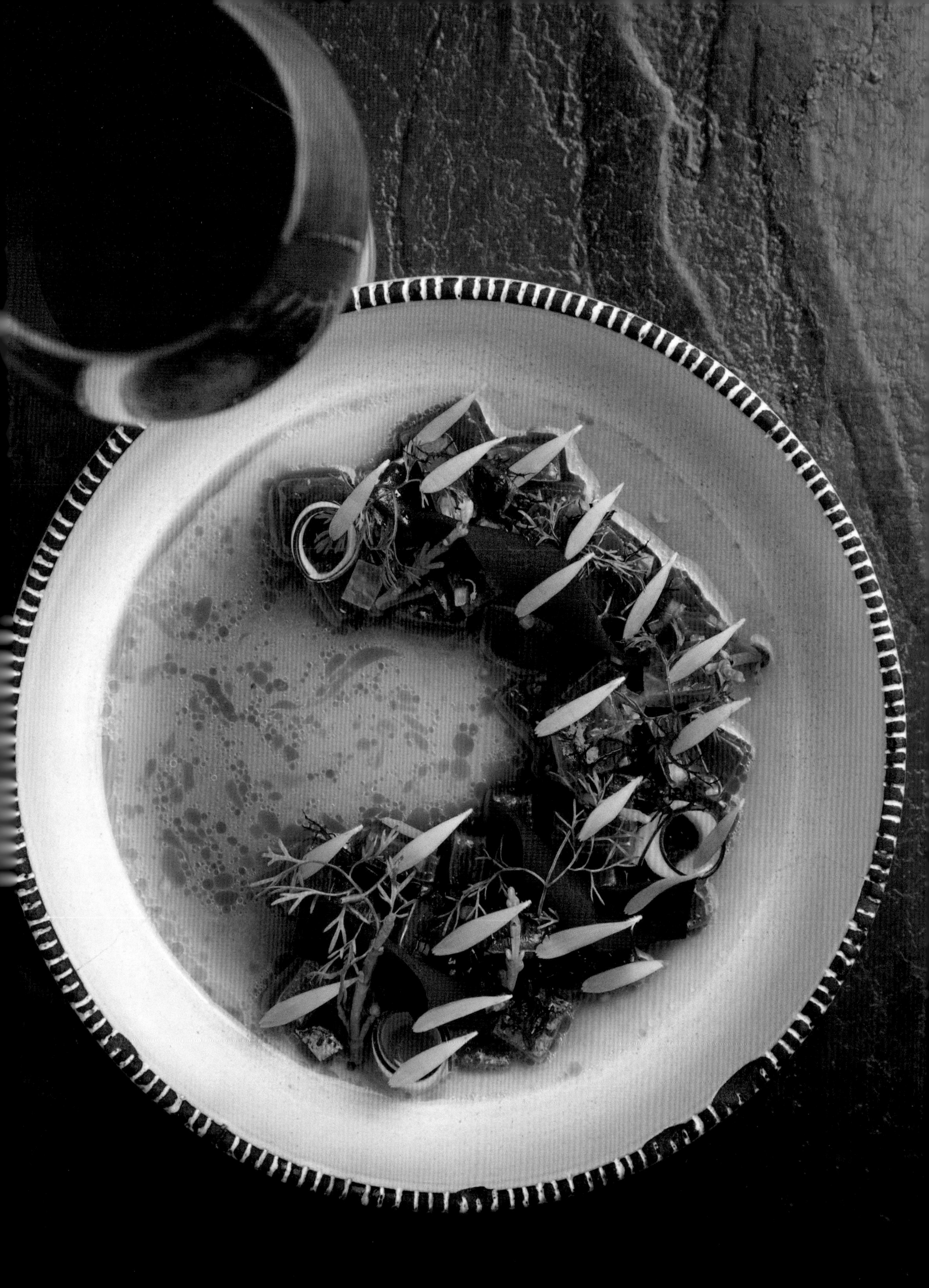

Escolar con puré de calabaza,
chile meco y piña

Ingredientes para 8 porciones

Puré de calabaza y piña
- 500 g de calabaza mantequilla troceada
- 250 g de piña cortada en cubos regulares
- 150 g de mantequilla
- cantidad suficiente de goma xantana
- sal al gusto

Pasta de chile meco
- 500 ml de aceite
- 250 g de chile chipotle meco
- 36 g de ajo
- 1 ℓ de agua

Calabaza encurtida
- 1 calabaza mantequilla
- 150 ml de vinagre blanco
- 1 chile chilhuacle rojo
- 25 g de azúcar
- 1 pimienta gorda
- 1 clavo

Piña confitada
- 500 g de piña cortada en cubos de 1 cm
- 250 g de mantequilla

Montaje
- 2 escolares de 2 kg aproximadamente c/u
- 35 ml de aceite + cantidad suficiente
- 150 g de mantequilla mezclada con 40 g de hojas de pitiona
- 150 g de calabaza italiana *baby* cortada en rodajas
- 5 g de flores de cilantro

Procedimiento

Puré de calabaza y piña

1. Precaliente el horno a 180 °C. Hornee los trozos de calabaza mantequilla hasta que la pulpa esté suave. Extraiga la pulpa y resérvela.
2. Coloque sobre el fuego los cubos de piña con la mantequilla y deje que se cocinen hasta que se doren y el líquido se haya evaporado casi por completo.
3. Licue la pulpa de calabaza y, sin dejar de licuar, añádale los cubos de piña, uno por vez, para permitir que el puré se emulsione. Verifique la consistencia y textura del puré; si lo considera, añádale un poco de goma xantana. Agréguele sal al gusto y aparte 100 gramos de esta preparación para emplearla en el montaje de esta receta. Reserve el resto para otros usos.

Pasta de chile meco

1. Precaliente el aceite a 160 °C y fría en él los chiles hasta que se hinchen. Sumérjalos en agua y deje que se hidraten durante 1 día.
2. Retire las semillas y venas de los chiles y licúelos con el ajo y el agua suficiente para obtener una pasta. Cocine la pasta, moviéndola continuamente, hasta que el líquido se evapore por completo. Aparte 40 gramos de esta preparación para emplearla en el montaje de este platillo y reserve el resto para otros usos.

... continúa en la página 295

Huauzontles con salsa de jitomate
y queso de cuadro

Ingredientes para 8 porciones

Salsa de jitomate y queso de cuadro
- 1.5 kg de jitomates guaje escalfados, sin piel
- 225 g de cebolla fileteada
- ½ chile habanero
- 30 ml de aceite
- 200 g de queso de cuadro
- sal al gusto

Amaranto
- 100 g de amaranto reventado
- aceite de oliva al gusto
- sal al gusto

Nubes de huauzontle
- cantidad suficiente de aceite
- 3 claras
- 2 g de sal
- 1 g de polvo para hornear
- 1 yema
- 700 g de inflorescencias de huauzontle, desgranadas
- 50 g de harina de trigo

Montaje
- 600 g de inflorescencias de huauzontles, desgranadas y blanqueadas
- 160 g de queso de cuadro desmoronado

Procedimiento

Salsa de jitomate y queso de cuadro
1. Ponga a hervir todos los ingredientes, excepto el aceite y el queso, hasta que estén cocidos. Retire y deseche el chile habanero, y licue el resto de los ingredientes hasta que obtenga un puré muy fino.
2. Coloque sobre el fuego una cacerola con el aceite. Cuando esté caliente, añada la salsa y deje que hierva hasta que adquiera una consistencia tersa. Añádale el queso, lícuela nuevamente y agréguele sal si es necesario. Resérvela.

Amaranto
1. Ponga a hervir en suficiente agua el amaranto durante 15 minutos. Cuélelo, añádale el aceite de oliva y sal al gusto y resérvelo.

Nubes de huauzontle
1. Precaliente el aceite a 100 °C.
2. Bata las claras a punto de turrón con la sal y el polvo para hornear. Bata la yema a punto de cordón y añádala con movimientos envolventes a las claras batidas. Enharine las inflorescencias de huauzontle e incorpórelas delicadamente con movimientos envolventes a las claras batidas.
3. Saque porciones de huauzontles con el mango de una cuchara y fríalas, en tandas, en el aceite. Conforme las vaya sacando de la fritura, déjelas sobre papel absorbente para retirar el exceso de aceite. Hornéelas durante 20 minutos con la función de calor seco.

Montaje
1. Distribuya en platos la salsa y ponga encima el amaranto. Espolvoree las inflorescencias de huauzontles blanqueadas y el queso de cuadro desmoronado, y coloque encima las nubes de huauzontle.

Chilacayotes
en mole de la casa

Ingredientes para 8 porciones

Mole
- 235 g de piloncillo
- 3 ℓ de agua
- 200 ml de aceite
- 48 g de chiles guajillo sin venas ni semillas, troceados
- 54 g de chiles pasilla sin venas ni semillas, troceados
- 70 g de almendras
- 48 g de pepitas de calabaza
- 2 tortillas de maíz troceadas
- 135 g de cebolla tatemada
- 10 g de ajo tatemado
- 5 hojas de aguacate asadas
- 4 pimientas gordas asadas
- 2 clavos asados
- 1 g de orégano seco asado
- 1.5 g de canela en raja asada
- 210 g de plátano macho con cáscara, tatemado
- 1 kg de jitomates tatemados
- 225 g de tomates verdes tatemados
- 15 g de tomatillos tatemados
- sal al gusto

Montaje
- 2 tlayudas troceadas irregularmente
- 8 chilacayotes de 120 g aproximadamente, cortados en sextos
- 160 g de chayote
- 160 g de calabaza italiana
- 16 g de brotes de albahaca
- 8 flores de calabaza
- 80 g de ajonjolí tostado

Procedimiento

Mole
1. Disuelva el piloncillo en 2 litros de agua y resérvelo. Fría en la mitad del aceite los chiles junto con las almendras, las pepitas de calabaza y las tortillas. Licue los ingredientes con el piloncillo disuelto y reserve este molido.
2. Licue con un poco de agua la cebolla y el ajo con las hojas de aguacate, las pimientas, los clavos, el orégano y la canela. Coloque sobre el fuego una cazuela con el aceite restante, y cuando se caliente, añádale el molido de cebolla y especias; deje que se cocine durante un par de minutos. Agréguele el molido de chiles y deje que la preparación se cocine a fuego bajo durante 10 minutos.
3. Pele el plátano y lícuelo con los jitomates, los tomates y los tomatillos. Añada este molido a la cazuela y deje que el mole se cocine a fuego bajo durante 1 hora, sin dejarlo de mover, o hasta que las burbujas de la superficie sean pequeñas y se revienten lentamente. Licue el mole durante 12 minutos en la Thermomix® y páselo por un colador fino. Deje que repose durante 12 horas y colóquelo de nuevo sobre el fuego con el litro de agua restante y deje que hierva durante 2 horas. Añádale sal al gusto.

Montaje
1. Tueste los trozos de tlayuda hasta que comiencen a aparecerles partes quemadas.
2. Añada los chilacayotes al mole hirviendo a fuego bajo y deje que se cocinen alrededor de 15 minutos o menos para evitar que se deshagan.
3. Extraiga láminas del chayote y de la calabaza italiana con ayuda de una laminadora. Blanquéelas.
4. Coloque en platos un poco del mole y los chilacayotes. Enrolle sobre sí mismas las láminas de chayote y calabaza italiana, distribúyalas en el plato y decore con los trozos de tlayuda, los brotes de albahaca, las flores de calabaza y el ajonjolí.

Mango con chocolate

Ingredientes para 8 porciones

Tierra de chocolate
- 170 g de chocolate
- 85 g de mantequilla
- 45 g de azúcar + 213 g
- 75 g de yemas
- 113 g de claras

Sorbete de mango y pulque
- 50 ml de agua
- 30 g de azúcar
- 12 g de dextrosa
- 5 g de estabilizante para helado
- 120 g de pulpa de mango
- 110 ml de pulque

Ganache de chocolate
- 116 g de chocolate amargo
- 165 ml de leche

Montaje
- 24 cubos de mango Ataúlfo de 2 cm
- hojas de albahaca al gusto
- 8 láminas de mango deshidratadas

Procedimiento

Tierra de chocolate
1. Funda el chocolate con la mantequilla y mézclelos bien.
2. Elabore un caramelo con los 45 gramos de azúcar y deje que se cueza hasta que llegue a 120 °C.
3. Precaliente el horno a 170 °C. Blanquee las yemas en la batidora y, sin dejar de batirlas, agrégueles el caramelo en forma de hilo. Siga batiéndolas hasta que se esponjen.
4. Monte las claras hasta obtener punto de turrón y añádales el azúcar restante en forma de lluvia para obtener un merengue.
5. Incorpore con movimientos envolventes la mezcla de yemas con el merengue. Extienda la preparación en una charola con un tapete de silicón y hornéela durante 13 minutos. Deje que se enfríe, trocéela, introdúzcala en una deshidratadora y déjela allí durante 1 día a 70 °C. Reduzca a polvo la preparación y resérvela.

Sorbete de mango y pulque
1. Ponga a calentar el agua a 70 °C y disuelva en ella el azúcar, la dextrosa y el estabilizante para helado. Enfríe la preparación hasta que tenga 4 °C y deje que repose durante 4 horas en refrigeración.
2. Licue la pulpa de mango con el pulque y cuélela junto con la mezcla de azúcar y dextrosa. Procese la preparación en una sorbetera durante 11 minutos.

Ganache de chocolate
1. Ponga a calentar la leche a 60 °C y mézclela con el chocolate. Reserve a temperatura templada.

Montaje
1. Coloque en platos un poco de ganache a temperatura ambiente (que esté firme pero maleable), y cúbralo con tierra de chocolate. Caliente los cubos de mango con una antorcha de cocina hasta que estén tibios y colóquelos alrededor de la tierra. Ponga encima de la tierra una *quenelle* de sorbete y decore con los brotes de albahaca y 1 lámina de mango deshidratada.

Embajadora culinaria de Chiapas

Una de las más activas promotoras y difusoras de la cocina mexicana, y en particular de su estado natal, Chiapas, es Marta Zepeda, quien estudió en el Centro de Estudios Superiores de San Ángel (CESSA), de la Ciudad de México. Asimismo, cuenta con una certificación en Alta Dirección Estratégica de Alimentos y Bebidas por el Centro Empresarial Gastronómico Hotelero (CEGAHO) y un diplomado ejecutivo en Habilidades Gerenciales del Instituto Tecnológico y de Estudios Superiores de Monterrey (ITESM).

En 2007 abrió Tierra y Cielo, un proyecto turístico-gastronómico para hacer realidad su proyecto de tesis, donde desarrolla, hasta la fecha, una propuesta culinaria que ha definido como "cocina regional de Chiapas". Promueve la sostenibilidad y el comercio justo en su entorno para dar a conocer la cocina chiapaneca y el concepto de Tierra y Cielo como un producto turístico de clase mundial. Esa búsqueda total de la excelencia en el servicio la llevó a conseguir el Premio Nacional de Calidad 2015, en la categoría de Turismo, y el Premio Nacional del Emprendedor 2014 como Mujer Emprendedora.

Se ha presentado en los principales foros de la gastronomía en México, destacando El Saber del Sabor, en Oaxaca; Paralelo Norte, en Monterrey; Alimentaria México, en la Ciudad de México; Morelia en Boca, en Michoacán; COME, Festival Internacional de Sabores Jalisco, en Guadalajara, y en el Foro Mundial de la Gastronomía Mexicana. Ha formado parte de las misiones diplomáticas de la cocina mexicana en el mundo; así participó en el salón del gusto Millesime en Madrid, España.

Es fundadora del Conservatorio Chiapaneco de la Cultura Gastronómica de México y consejera del sello distintivo "Chiapas México Original". A la par, Marta participa activamente, junto con su esposo, el también reconocido chef Kievf Rueda, en los trabajos para la conservación del fondo de la Biósfera de El Triunfo, una espectacular zona protegida, para la que, una vez al año, hacen una gran cena de recaudación de fondos.

La cocina de Marta es un crisol de ingredientes sin igual, ya que promueve el excelente maíz de las zonas serranas del estado; los frijoles y los quelites de la zona centro; el café chiapaneco, que es de clase mundial; los lácteos, como el queso bola de Ocosingo, o bien el chile Simojovel.

Tamal de azafrán

Ingredientes para 4 porciones

Salsa de azafrán
- 30 ml de aceite
- 100 g de cebolla picada
- 2 dientes de ajo picados
- 400 g de jitomates cortados en cuartos
- 20 g de pan de yema
- 500 ml de caldo de pollo
- ½ cucharadita de azafrán
- 2 ramas de tomillo
- 4 pimientas gordas
- ¼ de cucharadita de orégano
- ¼ de cucharadita de canela molida
- sal al gusto

Relleno
- 250 g de pechuga de pollo sin hueso
- 1 ℓ de agua
- 50 g de cebolla + 10 g picada finamente
- 7 g de sal
- 2 ramas de tomillo
- 5 ml de aceite

Tamales
- 150 g de manteca de cerdo
- 250 g de masa de maíz amarillo fina
- 250 g de masa de maíz amarillo quebrada
- 2 g de sal
- ½ cucharadita de polvo para hornear
- 15 ml de agua o caldo de pollo
- 4 cuadros de hoja de plátano de 25 cm por lado, asados
- 4 ciruelas pasa sin semilla
- 4 almendras enteras
- 20 g de pimiento morrón escalfado

Puré de ciruela
- 70 g de ciruelas pasa sin semilla
- 120 ml de agua
- 4 g de azúcar
- 10 g de mantequilla a temperatura ambiente

Montaje
- 10 g de almendras tostadas y molidas toscamente
- 20 g de pimiento morrón escalfado
- 16 hojas de orégano frescas
- flores comestibles, al gusto

Procedimiento

Salsa de azafrán
1. Acitrone en el aceite la cebolla y el ajo. Añádales el jitomate, el pan de yema y el caldo de pollo. Cuando la preparación hierva, añádale las especias y la sal al gusto. Déjela hervir durante un par de minutos a fuego bajo y retírela del fuego. Cuando se entibie, licúela y cuélela. Aparte 140 mililitros para el relleno y el resto para el montaje.

Relleno
1. Hierva la pechuga de pollo en el agua con 50 gramos de cebolla, 5 gramos de sal y las ramas de tomillo hasta que esté cocida. Cuando se entibie, resérvela.
2. Acitrone en el aceite la cebolla picada. Añádale el pollo deshebrado y los 140 mililitros de salsa de azafrán que reservó. Deje que se cocine a fuego medio durante 10 minutos. Rectifique la sazón y reserve.

Tamales
1. Bata la manteca de cerdo con ambas masas de maíz durante 5 minutos. Agréguele la sal, el polvo para hornear y el agua o caldo de pollo, y continúe batiendo la preparación hasta obtener una masa esponjosa.
2. Precaliente una vaporera con agua. Distribuya la masa y el relleno en las hojas de plátano y añádales 1 ciruela, 1 almendra y el pimiento. Cierre las hojas sobre sí mismas para formar tamales rectangulares. Cuézalos en una vaporera durante 1 hora.

Puré de ciruela
1. Hierva las ciruelas en el agua con el azúcar durante 3 minutos. Sáquelas del agua, licúelas con la mantequilla hasta obtener un puré y resérvelo.

Montaje
1. Distribuya la salsa de azafrán restante en platos. Desenvuelva los tamales, espolvoréeles las almendras y colóquelos encima de la salsa. Sirva con el puré de ciruela y decore con el pimiento, las hojas de orégano y las flores.

Ensalada de chayote
y mango Ataúlfo

Ingredientes para 4 porciones

Vinagreta
- 70 g de pulpa de mango Ataúlfo
- 25 ml de agua
- 40 ml de vinagre de manzana
- 10 g de azúcar
- 1 g de sal
- 1 g de pimienta negra molida
- 120 ml de aceite de maíz

Chayotes
- 80 g de chayotes de Castilla con cáscara
- 120 g de chayotes blancos
- cantidad suficiente de aceite de oliva

Montaje
- 40 g de nueces de la India troceadas
- 40 g de queso de cincho de Chiapas cortado en cubos de 1 cm
- 20 g de hojas y flores de nabo
- 40 g de moras (opcional)
- sal de mar al gusto

Procedimiento

Vinagreta
1. Licue la pulpa de mango con el agua, el vinagre, el azúcar, la sal y la pimienta. Sin dejarla de licuar, añádale el aceite en forma de hilo. Resérvela.

Chayotes
1. Extraiga láminas de los chayotes de Castilla, enróllelas sobre sí mismas y resérvelas.
2. Parta los chayotes blancos en cuartos y barnícelos con aceite de oliva. Áselos a la parrilla y resérvelos.

Montaje
1. Mezcle las nueces de la India con los cubos de queso. Bañe las hojas y las flores de nabo con un poco de la vinagreta.
2. Coloque en platos la mezcla de nueces de la India con queso y encima los cuartos y las láminas de chayote, las hojas y flores de nabo, y las moras. Espolvoree un poco de sal de mar y sirva con el resto de la vinagreta.

Conejo en ciguamut

Ingredientes para 4 porciones

Conejo y caldo
- 1 conejo de 1.250 kg aprox., sin cabeza ni vísceras
- 5 g de chile ancho sin semillas ni venas, asado
- 3 ℓ de agua
- 250 g de jitomate
- 2 dientes de ajo
- 100 g de papas cambray
- 50 g de cebolla
- 180 g de zanahoria
- 2 clavos
- 4 pimientas negras
- 30 g de masa de maíz nixtamalizado
- 1 rama pequeña de epazote
- sal al gusto

Puré de zanahoria
- 130 g de zanahoria sin cáscara
- 1 g de sal
- 15 g de mantequilla

Puré de chícharo
- 130 g de chícharos
- 1 g de sal
- 15 g de mantequilla a temperatura ambiente

Montaje
- 1 g de ceniza de tortilla
- sal de mar al gusto
- hojas frescas de epazote al gusto
- flores comestibles, al gusto

Procedimiento

Conejo y caldo
1. Deshuese el conejo y reserve los huesos. Espolvoree la carne con sal, forme con ella un rollo y átelo con hilo de cocina.
2. Selle el rollo de conejo en las brasas. Introdúzcalo en una bolsa para empacar al vacío, empáquelo y hiérvalo a 70 °C durante 4 horas. Cuando se entibie, porciónelo y resérvelo.
3. Ase sobre las brasas de carbón los huesos del conejo. Colóquelos sobre el fuego con el agua, el chile ancho, el jitomate, los ajos, las papas, la cebolla, la zanahoria, los clavos, las pimientas y la sal. Cuando hierva el agua, baje el fuego al mínimo y deje que la preparación se cocine durante 1 hora.
4. Retire la mitad de las papas y zanahorias del caldo y resérvelas para el montaje. Disuelva la masa de maíz en un poco del caldo y resérvela. Saque del caldo los huesos y deséchelos. Licue todos los ingredientes del caldo y colóquelo sobre el fuego. Añádale la masa de maíz y la rama de epazote, y deje que hierva durante 5 minutos. Rectifique la sazón y resérvelo.

Puré de zanahoria
1. Cocine las zanahorias en agua con sal. Lícuelas con la mantequilla hasta obtener un puré y resérvelo.

Puré de chícharo
1. Cocine las chícharos en agua con sal. Lícuelos con la mantequilla hasta obtener un puré y resérvelo.

Montaje
1. Parta por la mitad las papas que reservó y colóquelas en platos. Espolvoree los trozos de conejo con la ceniza de tortilla por uno de sus lados y colóquelos encima de las papas. Sirva con el puré de zanahoria, el puré de chícharo y las zanahorias cocidas que reservó. Espolvoree con sal de mar, decore con las hojas de epazote y las flores, y sirva con el caldo.

Chilacayote con pipianes

Ingredientes para 4 porciones

Pipián verde

- 5 ml de aceite
- 25 g de cebolla picada
- 10 g de ajo picado
- 40 g de chile serrano sin semillas, picado
- 150 g de tomates verdes asados
- 30 g de hoja santa sin la nervadura central, picada
- 1 rama chica de cilantro
- 60 g de pepitas de calabaza sin cáscara, asadas
- 500 ml de caldo de pollo o agua
- 10 g de masa de maíz nixtamalizado disuelta en un poco de caldo de pollo o agua
- 2 g de sal
- 1 g de pimienta negra

Pipián rojo

- 5 ml de aceite
- 10 g de ajo picado
- 25 g de cebolla picada
- 10 g de chile ancho sin semillas ni venas, asado
- 2 g de ajonjolí
- 60 g de pepitas de calabaza sin cáscara, asadas
- 150 g de jitomates asados
- 500 ml de caldo de pollo o agua
- 10 g de masa de maíz nixtamalizado disuelta en un poco de caldo de pollo o agua
- 1 g de epazote
- 2 g de sal
- 1 g de pimienta negra

Chilacayotes parrillados

- 1 kg de chilacayotes tiernos cortados algunos en rodajas de 2 cm y otros en gajos
- 30 ml de aceite
- 3 g de sal de mar

Montaje

- 20 g de zanahorias criolllas, salteadas
- 20 g de zanahorias cortadas en diagonal, salteadas
- 3 g de habas frescas peladas, salteadas
- 10 g de cebollitas criollas salteadas
- hojas de cilantro con flor, al gusto
- 1 g de sal de mar
- 1 g de pepitas blancas tostadas
- 1 g de pepitas negras tostadas

Procedimiento

Pipián verde

1. Acitrone en el aceite la cebolla y el ajo. Añádales el chile serrano, los tomates, la hoja santa y el cilantro. Deje que los ingredientes se cocinen durante algunos minutos. Agrégueles las pepitas de calabaza, la mitad del caldo de pollo o agua, la masa disuelta, la sal y la pimienta. Deje que todos los ingredientes hiervan algunos minutos y retírelos del fuego. Cuando se entibien, lícuelos y cuele.
2. Ponga sobre el fuego el pipián y deje que el líquido se reduzca hasta obtener la consistencia que desee. Verifique la sazón y resérvelo.

Pipián rojo

1. Acitrone en el aceite el ajo y la cebolla y añádales el chile, el ajonjolí, las pepitas de calabaza, los jitomates y la mitad del caldo de pollo o agua. Deje que los ingredientes hiervan durante algunos minutos. Agregue a la preparación la masa disuelta, el epazote, la sal y la pimienta. Deje que todos los ingredientes hiervan algunos minutos y retírelos del fuego. Cuando se entibien, lícuelos y cuele.
2. Ponga sobre el fuego el pipián y deje que el líquido se reduzca hasta obtener la consistencia que desee. Verifique la sazón y resérvelo.

Chilacayotes parrillados

1. Unte las rodajas y los gajos de chilacayote con el aceite, espolvoréelos con la sal y parríllelos.

Montaje

1. Coloque en platos los pipianes. Ponga encima las rodajas de chilacayote parrillado y encima los gajos de chilacayote, las zanahorias, las habas, las cebollitas criollas, y las hojas de cilantro con flor. Espolvoree con sal de mar y decore con las pepitas blancas y negras.

Cajeta de frijol
con molotes de plátano

Ingredientes para 4 porciones

Molotes
- 1 ℓ de agua
- 500 g de plátano macho con cáscara, cortado en rodajas de 5 cm
- 20 g de azúcar
- 1 ml de extracto de vainilla
- 50 g de harina de trigo cernida
- 1 huevo
- cantidad suficiente de aceite
- 60 g de queso de cuadro de Chiapas

Cajeta de frijol
- 125 g de frijoles negros previamente remojados
- 125 ml de leche
- 125 g de azúcar
- 2 g de canela molida
- 1 g de cardamomo molido

Montaje
- 4 g de coco rallado, tostado
- 16 flores de begonia

Procedimiento

Molotes
1. Hierva en el agua las rodajas de plátano durante 30 minutos. Retíreles la cáscara y machaque la pulpa con el azúcar, el extracto de vainilla, la harina y el huevo hasta obtener una pasta homogénea.
2. Precaliente suficiente aceite para freír los molotes. Engrase sus manos con aceite y forme con la pasta de plátano 8 molotes. Rellénelos con el queso y fríalos durante 3 minutos. Resérvelos.

Cajeta de frijol
1. Hierva en el agua los frijoles hasta que estén suaves. Licuelos con ¼ de taza del agua donde se cocieron y la leche. Cuele el molido.
2. Mezcle el molido de frijol con el azúcar, la canela y el cardamomo, y colóquelo sobre el fuego. Cuando hierva, baje el fuego al mínimo y cuézalo, sin dejar de moverlo con una pala, hasta que obtenga una consistencia de cajeta y al raspar el fondo de la cacerola pueda ver éste.

Montaje
1. Ponga sobre platos la cajeta de frijol y encima los molotes. Decore con el coco y las flores.

Cocinero del fogón

Graduado de la Universidad del Claustro de Sor Juana (UCSJ) en la Ciudad de México y con una especialidad en pastelería por parte del Culinary Institute of America (CIA) de Nueva York, Juan Cabrera Barrón es un cocinero de oficio que se ha hecho al calor de los fogones.

Su carrera lo ha llevado a pasar por diferentes etapas, pues considera que es una profesión en la que tienes que ir ganando experiencia: "eso es lo que hace el cargo". Ha sido cocinero, chef profesional y gerente de alimentos y bebidas en restaurantes y hoteles de todo el país. Debido a su calidad y constancia fue admitido a formar parte del equipo de practicantes del mítico restaurante elBulli del chef Ferran Adrià, quien marcó un antes y un después en la cocina mundial.

Hace algunos años decidió complementar su carrera con una especialidad como *sommelier* en la Universidad del Tepeyac. Trabajó como jefe de cocina en el restaurante Pujol, del chef Enrique Olvera, a la par que en el taller y *catering* del mismo grupo. Por otra parte, ha desarrollado sus habilidades gastronómicas en las líneas de restaurantes como el Cardenal, L'Olivier y Le Cirque, en Ciudad de México; Kyo, en Monterrey; Persé, en Villahermosa, y Tierra Mía, en Guadalajara.

Su dedicación absoluta al conocimiento del producto lo han llevado a ser ponente de diferentes festivales gastronómicos, como Morelia en Boca, COME Jalisco y Sabores Polanco; en el ámbito internacional ha participado en los festivales de cocina mexicana de algunas embajadas de México en el mundo, como la de Moscú, donde desarrolló una larga temporada para el hotel Ritz Carlton.

Actualmente es chef ejecutivo y socio del restaurante Fonda Fina, Cocina Mexicana Contemporánea, en la colonia Roma Norte. Asimismo fue seleccionado para formar parte de la segunda temporada del programa de televisión por cable *Top Chef* México.

Ensalada de quelites y flores

Ingredientes para 4 porciones

Mezcla de quelites
- 250 g de verdolagas
- 250 g de huauzontles
- 250 g de quelites cenizos
- 80 g de berros de agua
- 20 g de ramas de cilantro criollo
- 15 g de ramas de epazote
- 5 g de ramas de papaloquelite
- 500 g de flores de calabaza
- 20 g de flores de mastuerzo
- 5 g de flores de cilantro

Chips de yuca
- 1 yuca pelada, cortada en láminas finas
- cantidad suficiente de sal
- cantidad suficiente de aceite para freír

Vinagreta de jitomate riñón
- 250 g de jitomates riñón
- 12 g de sal refinada + cantidad al gusto
- 150 ml de tepache
- 40 ml de vinagre de piña
- 100 ml de aceite de pepita de calabaza
- 50 ml de aceite de oliva
- 1 cucharada de amaranto
- 1 cucharada de chía

Montaje
- 2 rábanos cambray
- 350 g de queso de oveja
- 12 papas de agua cocidas, cortadas en cuartos
- 6 jitomates riñón cortados en cuartos
- 50 g de cogollos de nopal

Procedimiento

Mezcla de quelites
1. Limpie las verdolagas, los huauzontles, los quelites cenizos y los berros de agua desprendiendo las hojas o las inflorescencias de las ramas más gruesas; deseche estas últimas. Conserve cada hierba por separado.
2. Deshoje las ramas de cilantro, epazote y papaloquelite; deseche las ramas. Mezcle las hojas y trocéelas ligeramente con las manos.
3. Blanquee por separado las inflorescencias de huauzontle y las hojas de quelite cenizo. Sumérjalas en agua fría con hielos hasta que se enfríen, sáquelas del agua, escúrralas bien y combínelas con las verdolagas y la mezcla de hojas de cilantro, epazote y papaloquelite.
4. Retire los tallos a las flores de calabaza, mastuerzo y cilantro; deséchelos y reserve las flores.

Chips de yuca
1. Sumerja las láminas de yuca en agua salada durante 10 minutos. Precaliente el aceite a 160 °C.
2. Escurra y seque muy bien las láminas de yuca y fríalas hasta obtener *chips* crujientes y dorados. Resérvelos.

Vinagreta de jitomate riñón
1. Licue los jitomates con la sal. Cuele el molido y reserve la pulpa para el montaje y el líquido por separado.
2. Emulsione el líquido del molido de jitomate con el tepache, el vinagre de piña y los aceites hasta obtener una emulsión. Añádale el amaranto y la chía, y reserve.

Montaje
1. Extraiga rebanadas finas de los rábanos. Sumérjalas en agua con hielo y resérvelas.
2. Agregue sal al gusto a la pulpa de jitomate que reservó de la vinagreta y mezcle una cucharada de ella con el queso de oveja. Coloque en los platos donde servirá las ensaladas un poco de esta mezcla.
3. Distribuya en forma circular en los platos los cuartos de papa y jitomate riñón.
4. Combine la mezcla de quelites con la vinagreta y colóquela en los platos en forma de corona o círculo.
5. Ponga encima las flores, las rebanadas de rábano, los *chips* de yuca y los cogollos de nopal. Sirva.

Tártara de aguacate criollo
con frijoles y chapulines

Ingredientes para 4 porciones

Chapulines
- aceite de maíz, al gusto
- 200 g de chapulines
- cebolla picada, al gusto
- ajo picado, al gusto
- sal al gusto

Frijoles cocidos
- 2 cebollas
- 6 dientes de ajo
- 30 g de epazote
- 2 ℓ de agua
- 150 g de frijoles santaneros, remojados previamente desde la noche anterior
- 150 g de frijoles Mixteca, remojados previamente desde la noche anterior
- 150 g de frijoles blancos, remojados previamente desde la noche anterior
- 50 ml de jugo de limón
- sal al gusto

Aguachile de ajonjolí
- 200 g de pepino
- 100 g de tuna verde
- 1 diente de ajo
- 100 g de cebolla
- ½ chile habanero sin venas ni semillas
- 120 g de ajonjolí
- 150 ml de jugo de limón
- 50 ml de aceite de oliva
- 12 g de sal de Colima
- 10 g de hierbas de olor
- 10 ml de vinagre de manzana

Vinagreta virgen
- 50 g de hojas de cilantro criollo
- 100 ml de jugo de limón
- 50 ml de aceite de ajonjolí
- 50 ml de aceite de maíz
- 20 g de sal de Colima

Puré de aguacate
- 1 aguacate Hass
- 100 ml de crema
- 200 ml de agua
- 25 ml de jugo de limón
- 2 g de sal

Montaje
- 4 aguacates criollos firmes
- 2 jitomates riñón
- 1 cebolla cambray sin tallos
- ½ pepino
- 1 chile serrano sin venas ni semillas
- 1 g de orégano seco
- jugo de limón al gusto
- 2 g de brotes de cilantro
- sal al gusto

Procedimiento

Chapulines
1. Saltee en el aceite los chapulines con la cebolla y el ajo picados. Añádales sal al gusto y resérvelos.

Frijoles
1. Divida en tres porciones las cebollas, los ajos, las ramas de epazote y el agua. Ponga cada una sobre el fuego, por separado, y cocine en cada una un tipo de frijol; cuando lleguen a la mitad del proceso, añádales sal y deje que se terminen de cocer hasta que estén suaves. Cuele los frijoles y reserve por separado el caldo y los frijoles.
2. Hierva sobre el fuego el caldo de cocción de los frijoles hasta que se reduzca a la mitad; aparte 50 mililitros de éste para emplearlo en la vinagreta virgen, déjelo enfriar, y reserve el resto para otros usos.
3. Mezcle los frijoles con el jugo de limón y sal al gusto, y resérvelos.

Aguachile de ajonjolí
1. Pele el pepino, retírele las semillas y córtelo en trozos irregulares.
2. Pele la tuna verde, licuela y cuélela para obtener el jugo.
3. Trocee el diente de ajo, la cebolla y el chile, y lícuelos con los trozos de pepino, el ajonjolí y ½ taza del caldo de cocción de frijoles. Añada a esta mezcla el jugo de tuna verde y de limón, el aceite de oliva y la sal de Colima; mezcle hasta emulsionar. Añada las hierbas de olor y el vinagre, y conserve el aguachile en refrigeración hasta servirlo.

Vinagreta virgen
1. Pique finamente las hojas de cilantro criollo y mézclelo con todos los ingredientes, incluyendo los 50 mililitros de caldo de frijol que reservó, sin que se emulsionen por completo. Conserve la vinagreta durante 1 hora en refrigeración.

... continúa en la página 295

Pollo marinado
con pipián de milpa

Ingredientes para 4 porciones

Pollo marinado
- 2 kg de muslos de pollo sin hueso, con piel
- 150 ml de pulque
- 200 ml de aceite
- 90 ml de agua
- 12 g de sal refinada
- 2 g de hojas de aguacate

Pipián verde
- 50 g de tomates verdes
- 175 g de chiles poblanos sin semillas ni venas
- 150 g de pepitas de calabaza peladas y tostadas
- 125 g de pepitas de girasol peladas y tostadas
- 7 g de dientes de ajo asados

- 75 g de cebolla asada
- 25 g de hojas de rábano
- 2 g de hojas de conejo secas
- 60 g de lechuga orejona
- 2 hojas de hierba santa
- 45 g de manteca de cerdo
- 750 ml de caldo de pollo
- 10 g de hojas de epazote
- 10 g de cilantro
- sal de Colima al gusto

Maíces criollos y nopales
- 4 ℓ de agua
- 10 g de cal

- 200 g de maíces criollos de color, secos (50 g de cada color, separados)
- 300 g de nopales cortados en bastones
- 30 g de sal refinada

Montaje
- 2 cebollas cambray sin tallos
- 150 ml de aceite de maíz
- 70 g de cebolla picada
- 10 g de hojas de epazote
- 2 g de comino molido
- 10 g de hojas de mastuerzo
- sal al gusto

Procedimiento

Pollo marinado
1. Lamine finamente los muslos de pollo con un cuchillo, retirando el exceso de grasa en el proceso y dejando sólo algunos de ellos con la piel.
2. Mezcle el resto de los ingredientes y marine en esta preparación las láminas de pollo durante 20 minutos.
3. Envuelva con plástico autoadherente un molde cuadrado o rectangular alto donde quepan de manera ajustada las láminas de pollo. Coloque dentro de él una capa de láminas de pollo con piel, con esta última en contacto con el plástico. Continúe colocando encima capas de láminas de pollo, esta vez sin piel, hasta cubrir todo el molde y obtener un bloque. Cubra la superficie con plástico autoadherente, cerciorándose que éste toque el pollo, y coloque encima un objeto pesado para comprimir las láminas. Deje reposar la carne en refrigeración durante 24 horas.
4. Desmolde con cuidado el bloque de láminas de pollo, empáquelo en una bolsa al alto vacío y cocínelo en un *runner* o termocirculador a 70 °C durante 45 minutos.
5. Rebane el bloque en porciones de 200 gramos. Aparte 4 porciones para emplearlas en esta receta y reserve el resto para otros usos.

Pipián verde
1. Hierva en agua suficiente a fuego medio los tomates, los chiles poblanos, las pepitas de calabaza y girasol, el ajo y la cebolla durante 2 horas.

... continúa en la página 296

Chiltamal de chile ancho

Ingredientes para 4 porciones

Caldillo de jitomate
- 125 g de jitomates
- 70 g de cebolla
- 2 dientes de ajo
- 500 ml de caldo de pollo
- 70 ml de aceite
- 6 g de ramas de epazote
- 5 g de ramas de cilantro
- 25 g de masa de maíz nixtamalizado
- 5 g de sal de Colima

Ceniza de tortilla
- 20 tortillas de maíz

Salsa macha
- 25 g de pepitas de calabaza peladas
- 25 g de cacahuates pelados y sin cascarilla
- 15 g de chiles de árbol secos con semillas
- 2 dientes de ajo picados finamente

- 35 ml de aceite de oliva extra virgen
- 125 ml de aceite de maíz
- 3 g de sal de Colima

Salsa tatemada
- 250 g de tomatillos
- 4 chiles serranos
- 140 g de cebolla
- 4 dientes de ajo
- sal al gusto

Chiltamal
- 400 g de masa de maíz blanco nixtamalizado
- 80 g de manteca de cerdo
- 14 g de sal refinada
- 350 ml de caldo de verduras
- 4 chiles anchos secos con rabo
- 1 ℓ de agua
- 120 g de piloncillo

- 4 dientes de ajo aplastados
- 100 g de cebolla
- 2 g de canela en raja
- 1 g de pimienta gorda
- 2 g de hoja de laurel
- 80 ml de vinagre
- 160 g de queso Oaxaca
- 2 g de ceniza de tortilla
- 22 g de salsa macha

Montaje
- 60 g de queso de bola de Ocosingo
- 60 g de crema entera de rancho
- 40 g de chicharrón seco
- 2 cebollas cambray asadas
- 2 jitomates cherry cortados por la mitad
- cebolla morada cortada en juliana, al gusto

Procedimiento

Caldillo de jitomate
1. Licue los jitomates, la cebolla y los dientes de ajo con la mitad del caldo de pollo; cuele el molido.
2. Ponga sobre el fuego una cacerola con el aceite. Cuando se caliente, vierta en ella el caldillo y el resto del caldo de pollo. Deje que el caldillo se cocine durante 15 minutos. Añada el epazote y el cilantro.
3. Diluya la masa en un poco de agua fría y mézclela en el caldillo. Deje que se cocine durante 10 minutos más, añada la sal, cuele y reserve.

Ceniza de tortilla
1. Tateme las tortillas hasta que pueda pulverizarlas en ceniza. Divida la ceniza en dos porciones y resérvelas.

Salsa macha
1. Tueste las pepitas de calabaza y los cacahuates por separado. Muela ambos en un procesador de alimentos junto con los chiles.
2. Pique finamente los dientes de ajo; mézclelos con los ingredientes molidos y los aceites de oliva y maíz. Coloque la mezcla sobre el fuego y deje que se cocine durante 30 minutos.
3. Añada la sal a la salsa y consérvela a temperatura ambiente dentro de un recipiente hermético.

... continúa en la página 296

Flan de
flor de calabaza

Ingredientes para 4 porciones

Caramelo
- 300 g de azúcar refinada

Flan
- 500 g de flores de calabaza
- 1 ℓ de leche
- 1 vaina de vainilla
- la cáscara de 1 naranja
- la cáscara de 1 limón
- 5 yemas
- 5 huevos
- 270 g de azúcar
- 400 g de queso de cuadro de Chiapas desmoronado

Helado de frijol rojo
- 500 ml de leche
- 250 ml de crema para batir
- ½ vaina de vainilla
- 20 g de flores de manzanilla secas
- 200 g de puré de frijoles rojos cocidos, colado
- 4 yemas
- 1 huevo
- 100 g de azúcar

Guayabas en almíbar
- 300 g de guayabas cortadas en gajos
- 500 ml de agua
- 150 g de azúcar
- ½ cono grande de piloncillo
- la ralladura de 2 limones

Montaje
- 140 ml de crema de rancho o nata fresca
- 10 g de flor de Jamaica seca en polvo
- 10 g de flores orgánicas
- 70 g de frambuesas
- queso de cuadro de Chiapas desmoronado, al gusto
- pétalos de flor de calabaza, al gusto

Procedimiento

Caramelo
1. Derrita el azúcar en un sartén sobre el fuego y deje que se cocine hasta obtener un caramelo semioscuro.
2. Vacíe el caramelo en un molde cuadrado de 30 centímetros por lado, cubriendo bien el fondo y las paredes del mismo. Resérvelo.

Flan
1. Precaliente un horno de convección a 80 °C con el 100 % de humedad.
2. Limpie las flores de calabaza quitándoles los tallos y el interior.
3. Ponga la leche sobre el fuego. Abra la vaina de vainilla por la mitad a lo largo y extraiga con un cuchillo el interior de ésta. Cuando hierva la leche, retírela del fuego e infusione en ella la vaina de vainilla con el interior que extrajo, junto con las flores de calabaza y las cáscaras de naranja y limón, durante 40 minutos. Cuele la leche y resérvela.
4. Mezcle las yemas con los huevos, el azúcar y el queso. Incorpore la leche y licue la mezcla. Vacíela dentro del molde de flan y hornéelo durante 1 hora 40 minutos en un ambiente húmedo.
5. Saque el flan del horno y déjelo reposar a temperatura ambiente hasta que se enfríe. Consérvelo en refrigeración durante 12 horas.

... continúa en la página 297

Promotora del solar maya

Regina Escalante Bush es originaria de Mérida, Yucatán. Su padre es yucateco y su madre estadounidense, aunque desde hace más de 30 años decidió radicar en la ciudad blanca: Mérida. Fue precisamente su madre quien tuvo un papel fundamental en la formación y desarrollo profesional de Regina, ya que le transmitió desde muy pequeña el amor y la pasión por la cocina.

Comenzó su trayectoria profesional a los 17 años, cuando viajó a Portland, Maine, Estados Unidos, para aprender y desarrollar junto a la chef Cheryl las técnicas de cocina clásica e instruirse sobre los productos locales.

Posteriormente partió hacia Lyon, Francia, para estudiar en el Instituto Paul Bocuse, donde cursó un diplomado en Artes Culinarias y una licenciatura internacional en Administración de Hoteles y Restaurantes. Su sobresaliente desempeño académico la llevó a realizar estancias profesionales junto a los mejores chefs del mundo, en afamados restaurantes que cuentan con estrellas Michelin, como La Table de Lancaster, donde trabajó con el chef Rocheteau; el Hotel de Crillon con el chef Christopher Hache, en París, y el restaurante Le Petit Nice, con el chef Gerald Passedat, en Marsella. Asimismo, trabajó en el restaurante Le Quinzieme, junto con el chef Cyril Lignac.

El amor por su país y en especial por su ciudad natal, impulsaron a Regina a regresar a Mérida en 2013, donde fue invitada a trabajar con el chef Roberto Solís en el reconocido restaurante Néctar.

Después de trabajar en Néctar, Regina y su pareja Vincent Ros, decidieron que era el momento adecuado para poner en práctica las técnicas y conocimientos que habían aprendido y desarrollado durante su carrera profesional, motivo por el cual decidieron abrir en 2014 su propio restaurante: Merci, del cual es la actual jefa de cocina. Éste ofrece una propuesta de desayunos y almuerzos, utilizando productos frescos y locales con una carta cambiante de acuerdo con la temporada. Desde entonces el éxito ha sido total, pues han doblado el número de asistentes en el restaurante.

Recientemente Regina fue invitada por The Nature Conservancy, organización no gubernamental, para ser vocera de la preservación del solar maya, un sistema de siembra de patio autosustentable —un símil de la milpa en el centro de México—, por lo que los trabajos de Regina hoy se dirigen también a la conservación y difusión del campo de su estado.

Tostada de chaya, puré de ibes,
pulpo marinado en achiote, naranja agria, rábanos curtidos y cilantro

Ingredientes para 10 porciones

Tostada de chaya
- 40 g de hojas de chaya
- 500 g de masa de maíz nixtamalizado
- 2 cucharaditas de agua
- sal al gusto
- 2 ℓ de aceite

Puré de ibes
- 60 g de cebolla picada finamente
- 15 g de dientes de ajo picados finamente
- 2 cucharaditas de aceite
- 500 g de ibes frescos
- 1.250 ℓ de caldo de pollo
- 50 ml de jugo de naranja agria
- sal y pimienta negra al gusto

Pulpo marinado
- 40 g de dientes de ajo
- 20 g de pasta de achiote
- 500 ml de jugo de naranja agria
- 4 g de orégano seco molido
- 4 g de sal
- 2 g de pimienta negra recién molida
- 45 ml de aceite de oliva
- 1 cebolla de 100 g aprox., partida por la mitad
- 20 g de dientes de ajo partidos por la mitad
- 8 g de hojas de laurel
- 8 g de ramas de tomillo
- 4 g de pimienta gorda
- 1 pulpo de 1.2 kg

Rábanos curtidos
- 100 ml de vinagre de Jerez
- 500 ml de agua
- 250 ml de jugo de naranja
- 2 g de pimienta gorda
- 3 g de hojas de laurel
- 3 g de ramas de tomillo
- 20 g de azúcar
- 200 g de rábanos

Chaya frita
- 1 ℓ de aceite
- 30 g de hojas de chaya
- sal al gusto

Montaje
- 5 limones
- brotes de cilantro al gusto
- flores comestibles, al gusto

Procedimiento

Tostada de chaya
1. Retire y deseche el tallo central de las hojas de chaya. Córtelas en trozos pequeños y resérvelas.
2. Precaliente el aceite a 180 °C.
3. Amase la masa de maíz. Incorpórele la chaya, el agua y sal al gusto.
4. Forme con la masa esferas de 30 gramos y deles forma de tortilla, individualmente, entre dos trozos de plástico, con ayuda de una prensa para tortillas.
5. Ase las tortillas en un comal durante 2 minutos de cada lado, y después, fríalas en el aceite hasta que queden crujientes. Resérvelas.

Puré de ibes
1. Sofría la cebolla y el ajo en el aceite. Agregue los ibes y el caldo de pollo y deje que la preparación se cocine durante 15 minutos o hasta que los ibes estén suaves.
2. Licue los ibes y cuele el molido para obtener un puré terso. Incorpórele el jugo de naranja agria y sal y pimienta al gusto.

Pulpo marinado
1. Tateme 20 gramos de dientes de ajo y píquelos finamente.
2. Disuelva la pasta de achiote en el jugo de naranja agria. Incorpórele los ajos, el orégano, la sal, la pimienta negra y el aceite de oliva. Reserve.
3. Ponga sobre el fuego una olla con 6 litros de agua.
4. Parta por la mitad los dientes de ajo restantes y tatémelos con las mitades de cebolla; añádalos al agua junto con el laurel, el tomillo y la pimienta gorda.
5. Cuando el agua esté hirviendo, escalde en ella el pulpo 3 veces, sosteniéndolo de la cabeza y remojando los tentáculos en el agua. Después, deje que el pulpo hierva en el agua durante 45 minutos.
6. Saque el pulpo del agua e introdúzcalo en un recipiente con agua y hielos. Límpielo, retirando el exceso de piel y conservando las ventosas en los tentáculos.
7. Cubra el pulpo con la marinada que reservó y déjelo reposar a temperatura ambiente durante 30 minutos.
8. Selle en la plancha el pulpo, cerciorándose de que toda la superficie quede dorada. Córtelo en trozos y reserve.

... continúa en la página 297

Huevo mollet empanizado con longaniza de Valladolid,
maíz tatemado con vinagreta de lima, calabaza local rostizada,
jocoque con ajo y aceite de chaya

Ingredientes para 10 porciones

Huevo mollet empanizado
- 15 huevos
- 100 g de longaniza de Valladolid
- 500 g de pan molido
- 500 g de harina de trigo
- 2 ℓ de aceite
- sal y pimienta negra recién molida, al gusto

Maíz tatemado con vinagreta de lima
- 25 ml de jugo de lima
- 25 ml de vinagre de Jerez
- 150 ml de aceite de oliva
- 10 g de miel de abeja melipona
- 5 g de sal + cantidad al gusto
- pimienta negra recién molida, al gusto
- 750 g de elotes
- 5 g de sal

Calabaza local rostizada
- 800 g de calabaza local cortada en gajos grandes
- 20 ml de aceite de oliva
- 5 g de orégano
- 4 g de sal
- 2 g de pimienta negra recién molida

Jocoque con ajo
- 1 cabeza de ajo de 25 g aprox., partida por la mitad a lo ancho
- 1 cucharadita de aceite de oliva
- 2 g de sal
- 1 g de pimienta negra recién molida
- 500 g de jocoque

Aceite de chaya
- 25 g de hojas de chaya
- 100 g de aceite de oliva

Montaje
- cebollín picado, al gusto
- flores y brotes comestibles, al gusto

Procedimiento

Huevo mollet empanizado
1. Ponga sobre el fuego 6 litros de agua. Cuando hierva, reduzca la intensidad del fuego al mínimo y sumerja en ella delicadamente 10 huevos al mismo tiempo. Deje que se cuezan durante 5 minutos. Sáquelos del agua y sumérjalos de inmediato en abundante agua con hielos. Cuando se enfríen, retíreles el cascarón y resérvelos.
2. Retire y deseche el recubrimiento de la longaniza y desmenúcela. Sofríala hasta que se dore y colóquela sobre papel absorbente para eliminar el exceso de grasa. Cuando esté fría, mézclela con el pan molido y resérvela.
3. Precaliente el aceite a 160 °C. Bata ligeramente los 5 huevos restantes con sal y pimienta al gusto. Coloque en recipientes separados la harina, los huevos batidos y la mezcla de longaniza con pan molido.
4. Enharine con cuidado, de forma individual, los huevos cocidos; sacúdales delicadamente el exceso y páselos por el huevo batido y después empanícelos con la mezcla de longaniza con pan molido.
5. Cuando el aceite esté a la temperatura correcta, fría los huevos, en tandas, durante 3 minutos o hasta que se doren. Sáquelos del aceite, escúrralos y colóquelos sobre papel absorbente para eliminar el exceso de aceite. Resérvelos.

Maíz tatemado con vinagreta de lima
1. Mezcle el jugo de lima con el vinagre de Jerez, el aceite de oliva, la miel y sal y pimienta al gusto. Reserve esta vinagreta.
2. Hierva los elotes en agua con los 5 gramos de sal durante 25 minutos.
3. Tateme los elotes uniformemente en un comal. Desgránelos con un cuchillo.
4. Mezcle los granos de elote con un poco de la vinagreta de lima y resérvelos.

Calabaza local rostizada
1. Precaliente el horno a 200 °C.
2. Mezcle los gajos de calabaza con el resto de los ingredientes y hornéelos durante 35 minutos. Resérvelos.

... continúa en la página 298

Langosta pochada en beurre blanc de lima,
risotto de cebada con queso parmesano, puré de calabaza local y flor de ajo

Ingredientes para 10 porciones

Risotto de cebada
- 1 cucharada de aceite de oliva
- 70 g de cebolla picada finamente
- 10 g de dientes de ajo picados finamente
- 500 g de cebada
- 40 ml de vino blanco
- 1.2 ℓ de caldo de pollo
- 40 g de mantequilla cortada en cubos, fría
- 40 g de queso parmesano rallado

Puré de calabaza local
- 1 calabaza local de 450 g aprox.
- 1 cucharada de aceite de oliva
- 4 g de sal
- 30 g de mantequilla cortada en cubos

Beurre blanc de lima
- 1 cucharada de mantequilla + 350 g cortada en cubos, fría
- 60 g de cebolla picada finamente
- 15 g de dientes de ajo picados finamente
- 180 ml de vinagre de vino blanco
- 360 ml de vino blanco
- 280 ml de crema líquida
- 1 lima

Cebolla de Ixil tatemada
- 500 g de cebollas de Ixil partidas por la mitad

Montaje
- 10 colas de langosta, frescas
- flores de ajo, al gusto
- flores comestibles, al gusto
- ralladura de lima, al gusto

Procedimiento

Risotto de cebada

1. Sofría en el aceite de oliva la cebolla y el ajo. Añádales la cebada y sofríala durante un par de minutos. Vierta el vino blanco y deje que se reduzca casi por completo.
2. Agregue a la cebada una cuarta parte del caldo de pollo y mezcle hasta que haya absorbido todo el caldo. Repita esta operación hasta que la cebada esté cocida y retírela del fuego. Incorpórele los cubos de mantequilla y el queso parmesano y reserve.

Puré de calabaza local

1. Precaliente el horno a 200 °C.
2. Cuando la temperatura del horno sea la correcta, embadurne la calabaza con el aceite de oliva, espolvoréele un poco de sal y hornéela durante 40 minutos o hasta que se sienta suave.
3. Corte la calabaza por la mitad y extraiga y deseche las semillas. Extraiga toda la pulpa raspándola con una cuchara.
4. Licue la pulpa de calabaza con los cubos de mantequilla y los 4 gramos de sal a máxima velocidad. Coloque un trapo de cocina en un colador y vierta en él el puré de calabaza. Déjelo reposar durante 1 noche para que escurra todo el líquido.

... continúa en la página 298

Tartaleta de remolacha multicolores,
puré de frijol espelón, crema ácida con x'catic y mantequilla café de salvia

Ingredientes para 10 porciones

Bases de tartaleta
- 1.250 kg de pasta hojaldre

Remolacha rostizada
- 2.5 kg de remolachas (betabeles) multicolores
- 40 g de mantequilla
- 15 g de ajo picado finamente
- 3 g de salvia desmenuzada
- 3 g de tomillo desmenuzado
- 250 ml de agua

Puré de frijol espelón
- 60 g de mantequilla en cubos, fría
- 5 g de ajo picado finamente

- 30 g de cebolla picada finamente
- 500 g de frijoles espelón
- 1 ℓ de agua
- 6 g de sal
- 2 g de pimienta negra molida

Crema ácida con x'catic
- 80 g de chile x'catic
- 400 g de crema ácida
- la ralladura de 2 limones

Vinagreta de remolacha
- 400 g de remolacha (betabel)
- 25 ml de vinagre de Jerez

- 10 g de miel de abeja melipona
- 200 ml de aceite de oliva
- 4 g de sal
- 2 g de pimienta negra recién molida

Mantequilla café de salvia
- 100 g de mantequilla
- 8 g de salvia

Montaje
- láminas de remolacha cruda (betabel), al gusto
- hojas de mastuerzo, al gusto
- 8 g de salvia
- hojas de hierbabuena al gusto

Procedimiento

Bases de tartaleta
1. Precaliente el horno a 170 °C.
2. Extienda la pasta hojaldre en una superficie enharinada hasta que tenga 0.25 centímetros de grosor. Corte la pasta en rectángulos del tamaño de una charola para hornear. Coloque los rectángulos entre dos charolas y hornéelos durante 40 minutos. Retire los rectángulos del horno y quíteles la charola superior. Déjelos enfriar.
3. Corte la pasta hojaldre en 20 círculos de 10 centímetros de diámetro. Resérvelos.

Remolacha rostizada
1. Precaliente el horno a 200 °C.
2. Lave muy bien las remolachas con ayuda de un cepillo. Retíreles las hojas y los tallos, lávelos y desinféctelos, y resérvelos para el montaje.
3. Coloque las remolachas en una charola para hornear y añádales el resto de los ingredientes. Tápelas con papel aluminio y hornéelas durante 35 minutos. Retírelas del horno.
4. Pele las remolachas con una cuchara, córtelas en trozos y resérvelas.

Puré de frijol espelón
1. Sofría en 10 gramos de mantequilla el ajo y la cebolla. Agregue los frijoles espelón y sofría-los también.
2. Cubra los frijoles con el agua, añada la sal y la pimienta, y deje que se cuezan durante 15 minutos.
3. Retire los frijoles del fuego y licúelos durante 3 minutos. Incorpore a este puré la mantequilla fría en cubos hasta que se emulsione. Resérvelo.

... continúa en la página 299

Magdalenas de vainilla,
sorbete de papaya y miel de abeja melipona, merengues y pepita

Ingredientes para 10 porciones

Magdalenas
- 125 g de harina de trigo cernida
- 5 g de polvo para hornear
- 1 vaina de vainilla
- 210 g de huevos
- 40 g de yemas
- 137 g de azúcar refinada
- 2.5 g de sal
- 175 g de mantequilla derretida

Sorbete de papaya
- 900 g de papaya
- 5 ml de jugo de limón
- 240 ml de agua
- 270 g de azúcar refinada
- 50 g de glucosa

Merengues con pepita molida
- 180 g de claras
- 180 g de azúcar
- 1 cucharadita de vinagre blanco
- 2 cucharaditas de fécula de maíz
- pepita de calabaza molida, al gusto

Pepita tostada crujiente
- 150 g de pepitas enteras peladas
- 16 g de clara
- 20 g de miel de abeja
- 8 ml de aceite de oliva
- 2 g de sal

Montaje
- láminas de papaya fresca, al gusto
- miel de abeja melipona, al gusto
- flores comestibles, al gusto

Procedimiento

Magdalenas
1. Cierna la harina con el polvo para hornear y resérvelo. Corte la vaina de vainilla por la mitad a lo largo, raspe el interior con un cuchillo y resérvelo junto con la vaina.
2. Mezcle los huevos con las yemas. Incorpóreles el azúcar y la sal y bátalas con un batidor globo. Añádales la harina con el polvo para hornear. Agregue la mantequilla en forma de hilo, sin dejar de batir, así como el interior de la vaina de vainilla y la vaina. Refrigere la preparación durante 6 horas como mínimo. Retire y deseche la vaina de vainilla.
3. Precaliente el horno a 170 °C.
4. Engrase un molde para magdalenas y coloque en cada cavidad 1 cucharada de la mezcla. Hornéelas durante 6 minutos. Resérvelas.

Sorbete de papaya
1. Pele la papaya y retírele las semillas. Licue la pulpa con el jugo de limón.
2. Mezcle el agua con el azúcar y la glucosa. Ponga la preparación sobre el fuego hasta que los ingredientes se disuelvan. Retírela del fuego, y cuando llegue a 20 °C, mézclela con la pulpa de papaya molida.
3. Procese la preparación en una máquina para helados, siguiendo las instrucciones del fabricante.

Merengues con pepita molida
1. Precaliente el horno a 90 °C.
2. Bata las claras hasta que adquieran punto de merengue. Intégreles poco a poco el azúcar, y después, el vinagre blanco. Bata el merengue durante 2 minutos más e incorpore con movimientos envolventes la fécula de maíz.

... continúa en la página 299

Un guerrero del maíz

De formación ingeniero en Industrias Alimentarias por el Instituto Tecnológico y de Estudios Superiores de Monterrey (ITESM), Juan Ramón Cárdenas Cantú es heredero de la tradición restaurantera de una familia dedicada al trabajo constante en el noreste de México, concretamente en el estado de Coahuila.

Comenzó a cocinar desde pequeño en el restaurante de sus padres, donde aprendió los secretos del cabrito, de la carne asada, del machacado y de la cocina norestense. Complementó sus estudios de cocina en prestigiadas escuelas de gastronomía en México, Estados Unidos y Europa.

Hace una década decidió fundar un ciclo de conferencias que tituló Guerreros del Maíz, hasta la fecha el único foro dedicado a las presentaciones editoriales gastronómicas celebrado de manera anual, en el marco de la Feria Internacional del Libro de Arteaga, Coahuila. Además, ha sido promotor de la Feria del Dulce de Coahuila y miembro fundador del Foro Paralelo Norte en Monterrey. También ha sido reconocido como un gran impulsor de la cocina mexicana y norestense.

En 2012 fue condecorado con el Premio San Pascual, otorgado a los mejores chefs de México. Actualmente dirige y es copropietario de la casa de banquetes Villa Ferré y los restaurantes Fuego Lento y Don Artemio, todos en Saltillo, Coahuila. Este último ha sido incluido, durante dos años consecutivos, en la lista de los 120 mejores restaurantes de la Guía México Gastronómico, Culinaria Mexicana, S. Pellegrino®, Nespresso®.

Ha sido invitado a participar en grandes congresos de cocina de talla mundial, como Madrid Fusión en Guanajuato y Latin American Flavors en el Culinary Institute of America (CIA). También ha formado parte de misiones diplomáticas, destacando las ofrecidas en Berlín y constantemente en Estados Unidos.

El conocimiento de la cocina del noreste de México y el establecimiento del concepto "cocina de recolección", le llevaron a conformar un equipo multidisciplinario de investigación. En éste incluyó a la periodista Arisbeth Araujo y a los fotógrafos Fernando Gómez Carbajal y Adalberto Ríos Lanz, con quienes diseñó un proyecto editorial sobre el cabrito en México, que se materializó en el libro: *La senda del cabrito*.

Nopalitos
fritos y crujientes para tacos

Ingredientes para 4 porciones

- 4 pencas de nopal de 20 cm c/u aprox., sin espinas
- 500 ml de aceite
- 40 g de rebanadas de tocino cortadas en tiras chicas
- tortillas taqueras al gusto
- salsa verde o roja al gusto

Procedimiento

1. Ralle las pencas de nopal con un pelador de papas, iniciando siempre en uno de los costados del nopal y manteniendo siempre una presión constante a todo lo largo de éste, de forma que obtenga listones delgados de 15 centímetros aproximadamente.
2. Precaliente el aceite. Mezcle los listones de nopal con el tocino. Cuando el aceite esté muy caliente, fría en él la mezcla, en tandas, moviéndola para separar los listones de nopal, entre 3 y 5 minutos aproximadamente o hasta que estén crujientes sin estar quemados. Transfiera los nopales con tocino a una charola con papel absorbente.
3. Sirva los nopalitos con tortillas y salsa al gusto.

Ceviche de carne seca
con cabuches y chicharrón de aldilla

Ingredientes para 4 porciones

Fondo oscuro de res

- 2.5 kg de huesos de res, preferiblemente de costilla de *rib-eye*
- 500 g de recortes de *rib-eye*, sin grasa
- 500 g de *mirepoix* (cebolla, apio y zanahoria, en partes iguales)
- 5 ℓ de agua
- 1 *sachet* de hierbas norteñas (oreganillo, hoja de laurel, romero)

Ceviche

- ½ taza de aceite
- 120 g de carne seca cortada con tijera en cuadros de 1.5 cm
- 40 g de cebolla morada picada finamente
- 40 g de pepino picado finamente
- 40 g de jícama picada finamente
- 20 g de aceitunas verdes picadas finamente
- 20 g de alcaparras picadas finamente
- 20 g de chile verde fresco picado
- 10 cabuches en salmuera + cantidad al gusto para servir
- el jugo de 6 limones recién exprimido
- 1 taza de coctel de tomate con almeja, comercial
- 1 taza de fondo oscuro de res
- sal y pimienta o salsa de soya, al gusto
- 120 g de pulpa de aguacate cortada en láminas
- 4 jitomates cherry cortados en cuartos
- 40 g de chicharrón de aldilla
- 1 cucharada de aceite de oliva extra virgen
- hojas de cilantro al gusto

Procedimiento

Fondo oscuro de res

1. Dore muy bien los huesos en un sartén u hornéelos a 190 °C.
2. Agregue los recortes de *rib-eye* y deje que se doren muy bien.
3. Transfiera los ingredientes a una olla de paredes altas con el agua y el *sachet* de hierbas y colóquela sobre fuego bajo. Mientras tanto, dore en el sartén las verduras hasta que tengan una tonalidad oscura.
4. Añada las verduras a la olla y deje que el fondo se cocine a fuego bajo, espumándolo continuamente, hasta que quede un tercio de líquido de la cantidad original. Aparte 1 taza para emplearlo en el ceviche y reserve el resto para otros usos.

Ceviche

1. Ponga sobre el fuego un sartén con el aceite. Cuando esté caliente, fría en él la carne seca hasta que se dore. Resérvela.
2. Mezcle la cebolla con el pepino, la jícama, las aceitunas, las alcaparras, el chile verde, los cabuches y el jugo de limón. Deje reposar la preparación en refrigeración durante 10 minutos.
3. Añada a la preparación el coctel de tomate comercial, el fondo oscuro de res y sal y pimienta o salsa de soya al gusto. Agregue delicadamente las láminas de aguacate y los jitomates cherry.
4. Sirva el ceviche en platos con la carne seca frita, el chicharrón de aldilla y algunos cabuches. Rocíe los ceviches con un poco de aceite de oliva extra virgen y decore con las hojas de cilantro.

Guarde el fondo de res que le sobró en refrigeración
si lo empleará en los siguientes días, o en congelación empaquetado
en porciones de 250 ml, para conservarlo por varias semanas. También
puede porcionarlo en charolas para cubos de hielo, congelarlos, y
añadirlos a sopas y caldos cuando los necesite.

Mole de hojas tiernas de nogal, cabrito sous-vide, costra de nuez, puré de membrillo y papa, chiles piquines en almíbar y crocante de tortilla de harina

Ingredientes para 4 porciones

Cabrito sous-vide
- ¾ de taza de agua
- 4 dientes de ajo troceados
- ¼ de cebolla troceada
- 2 chiles jalapeños troceados
- 60 ml de mezcal
- 4 piernas de cabrito
- sal y pimienta negra recién molida, al gusto

Mole de hojas tiernas de nogal
- 4 cucharadas de manteca de cerdo
- 2 tortillas de maíz
- ½ taza de cebolla picada
- 2 dientes de ajo
- 2 tazas de tomates verdes
- 2 tazas de caldo de pollo
- 2 chiles poblanos asados sin piel, semillas ni venas
- 1 taza de hojas de lechuga
- ½ taza de espinaca *baby*

- ½ taza de hojas tiernas de nogal, secas
- 2 hojas de aguacate
- 1 clavo
- 3 pimientas negras
- ½ taza de pepitas de calabaza sin cáscara, tostadas
- sal al gusto

Puré de membrillo y papa
- la pulpa de 2 membrillos cocidos en agua
- 4 papas cocidas, sin cáscara
- 70 g de mantequilla clarificada
- 250 ml de crema ácida
- ½ cucharada de mostaza a la antigua
- sal y azúcar al gusto

Crocantes de tortilla de harina
- orégano seco, al gusto
- 2 tortillas de harina cortadas en triángulos largos

- 2 huevos
- sal al gusto

Chiles piquines en almíbar
- ¼ de taza de almíbar ligero (100 ml de agua por 40 g de azúcar) caliente
- ¼ de taza de chiles piquines frescos

Montaje
- cantidad suficiente de aceite para freír
- cantidad suficiente de harina de trigo
- cantidad suficiente de huevos batidos ligeramente
- nueces tostadas y troceadas, al gusto
- hojas tiernas de nogal (opcional)

Procedimiento

Cabrito sous-vide
1. Programe un *runner* o termocirculador a 60 °C.
2. Mezcle el agua con el ajo, la cebolla, el chile jalapeño y el mezcal.
3. Salpimiente las piernas de cabrito e introdúzcalas en bolsas para cocción al vacío junto con la mezcla anterior; empáquelas al vacío.
4. Cocine las piernas de cabrito en el termocirculador durante 8 horas.

Mole de hojas tiernas de nogal
1. Coloque sobre el fuego un sartén con la manteca. Cuando esté caliente, fría en ella las tortillas. Sáquelas del sartén y resérvelas.
2. Sofría la cebolla en el mismo sartén con la manteca que en él quedó. Añada el ajo y deje que se dore ligeramente. Agregue los tomates; cuando se doren, añada el caldo de pollo. Cuando hierva la preparación, incorpórele el chile poblano, la lechuga y las espinacas. Deje que hierva durante algunos minutos a fuego bajo.
3. Incorpore a la preparación las hojas de nogal y de aguacate, el clavo y la pimienta. Deje que hierva durante un par de minutos, añada las tortillas de maíz fritas y las pepitas de calabaza, y retírela del fuego.

... continúa en la página 300

Verdolagas, queso panela a la parrilla,
jitomate cherry y cebolla morada

Ingredientes para 4 porciones

- 4 cucharadas de cebolla morada fileteada
- 20 jitomates cherry cortados por la mitad
- el jugo de 2 limones amarillos
- 1 cucharada de mostaza a la antigua
- 2 tazas de hojas de verdolaga
- 4 cucharadas de aceite de oliva
- 2 cucharadas de aceite de maíz
- 200 g de queso panela cortado en 4 rectángulos de 10 × 5 × 1 cm
- flores de begonia, al gusto

Procedimiento

1. Mezcle la cebolla morada con los jitomates cherry, el jugo de limón y la mostaza. Reserve.
2. Mezcle las verdolagas con el aceite de oliva.
3. Coloque sobre el fuego un sartén con el aceite de maíz. Cuando esté caliente, dore en él los rectángulos de queso por ambos lados.
4. Sirva en platos los rectángulos de queso y encima de ellos las mezclas de jitomates cherry y de verdolagas. Decore con flores comestibles al gusto.

Tejocotes rojos en almíbar, crema de queso de cabra
y reducción de vino tinto de San Juan de la Vaquería

Ingredientes para 4 porciones

- 375 ml de vino tinto de San Juan de la Vaquería
- 375 ml de glucosa
- 4 cucharadas de queso de cabra
- ½ taza de crema para batir
- 1 cucharadita de azúcar
- 1 pizca de sal
- 1 taza de tejocotes rojos en almíbar
- flores comestibles, al gusto

Procedimiento

1. Ponga a hervir el vino tinto con la glucosa a fuego bajo durante 45 minutos o hasta que se reduzcan a la mitad. Reserve esta reducción.
2. Mezcle el queso de cabra con la crema y bata la mezcla en la batidora, añadiendo paulatinamente el azúcar y la pizca de sal, hasta que adquiera una consistencia firme.
3. Coloque en platos una línea gruesa de la crema batida con queso. Distribuya encima los tejocotes y sirva con la reducción de vino tinto. Decore con las flores comestibles al gusto.

Reyna Mendoza

Maestra de maestras

Nació en Teotitlán del Valle, un pueblo zapoteco localizado en el valle de Oaxaca, famoso mundialmente por el tejido de sus espectaculares tapetes de lana y por el virtuosismo de sus cocineras tradicionales.

Heredera de una tradición de renombrados tejedores, Reyna, como todas las mujeres de esa región, comenzó a tejer a muy temprana edad, pero también a involucrarse en el otro arte que destaca a Teotitlán: la comida ceremonial. En esta zona es fundamental para cualquier mujer joven aprender a hacer tortillas, moler en metate o tostar chiles; procesos que aprendió de su madre y de su abuela.

A partir de 2001 comenzó a trabajar para Casa Sagrada, fungiendo como chef y maestra de este epicentro de formación culinaria en el estado. Para 2002, Reyna ya organizaba demostraciones para grupos de gran importancia, entre ellos los Culinary Adventures (con visitantes de todo el mundo), y fotógrafos dirigidos por el maestro Ignacio Urquiza. Asimismo, ha sido colaboradora en clases de cocina con renombrados chefs, como Rick Bayless, Ricardo Muñoz Zurita, Roberto Santibáñez, entre otros.

En 2005 viajó a Canadá para ampliar sus conocimientos culinarios. Ahí impartió clases privadas a la escritora Shelora Sheldon, quien escribió maravillosos artículos de la cocina zapoteca de Reyna para revistas como *Wine Access*, *Eat*, *Enroute*, *Yam* y *Western Living*. Fue en la ciudad de Victoria donde se especializó en el idioma inglés con el fin de poder dar clases en dicho idioma.

En junio de 2009 comenzó una nueva etapa como cocinera tradicional independiente ofreciendo clases en Casa de los Sabores, alternando el espacio con la chef Pilar Cabrera, dueña del restaurante La Olla, en la ciudad de Oaxaca. Un año más tarde fue invitada a participar en el Congreso Gastronómico International Ambrosía, Guillermo Ríos, en la Ciudad de México, uno de los primeros foros en invitar a una cocinera tradicional a dar una conferencia.

De 2012 a la fecha ha participado en los principales foros de cocina en México, como el Festival del Chocolate, en Tabasco; El Saber del Sabor, en Oaxaca, y el Chef Summit de Nestlé Professional, en Morelos, donde impartió un seminario sobre el mole oaxaqueño a 15 de los más renombrados chefs de México. Actualmente imparte cursos y talleres en El Sabor Zapoteco, su taller en Teotitlán, donde enseña las artes de la siembra, de la cosecha, el proceso de los ingredientes y hasta cómo degustar correctamente la espectacular cocina de su estado.

Ensalada de berros

Ingredientes para 6 porciones

- 1 cucharada de pasta de chintestle
- 125 ml de jugo de naranja
- ¼ de cucharada de azúcar
- 2 cucharadas de vinagre de manzana
- 250 ml de aceite de oliva
- 6 tazas de hojas de berros
- 6 jitomates criollos medianos, cortados en cuartos u octavos
- 1 ½ tazas de maíz pozolero cocido
- sal al gusto

Procedimiento

1. Disuelva la pasta de chintestle en el jugo de naranja e incorpore el azúcar, el vinagre de manzana y sal al gusto. Añada el aceite de oliva, sin dejar de batir, hasta emulsionar los ingredientes. Reserve esta vinagreta.
2. Mezcle las hojas de berros con los jitomates y el maíz pozolero. Distribuya esta mezcla en platos y sirva con la vinagreta.

Espesado de chepil

Ingredientes para 5 porciones

- 5½ tazas de agua
- 2 tazas de hojas de chepil
- 10 flores de calabaza
- 1 rama pequeña de chepiche
- 2 calabacitas tiernas, cortadas en rebanadas
- los granos de 2 elotes macizos
- limón al gusto
- sal al gusto

Procedimiento

1. Ponga sobre el fuego 3 tazas de agua. Cuando hierva, añádale el chepil, las flores de calabaza y el chepiche. Deje que los ingredientes se cuezan durante 15 minutos.
2. Añada las rebanadas de calabacitas y deje que se cuezan durante 3 minutos.
3. Muela en un metate o licuadora los granos de elote con el resto del agua. Añada este molido a la preparación, moviéndola constantemente. Cuando hierva, retírela del fuego.
4. Sirva el espesado con limón y sal al gusto.

Memelitas

Ingredientes para 4 porciones

- 250 g de masa de maíz nixtamalizado
- 300 g de chorizo desmenuzado
- ¼ de taza de asiento
- 1 taza de pasta de frijol o frijol molido, espesa
- 250 g de queso fresco desmenuzado
- salsa roja de mesa, al gusto

Procedimiento

1. Divida la masa en 8 porciones uniformes y forme esferas con ellas. Prense cada una en una prensa para tortillas entre dos trozos de plástico; debe obtener tortillas gruesas.
2. Ase las memelitas por ambos lados y conforme las vaya sacando, píqueles el borde.
3. Fría el chorizo en su propia grasa.
4. Unte en las memelitas un poco de asiento y pasta de frijol. Caliente las memelitas, añádales el chorizo y sírvalas con el queso fresco. Acompáñelas con salsa roja al gusto.

Xhnis giiñ

Ingredientes para 10 porciones

- 3 ℓ de agua
- 500 g de pierna o lomito de cerdo
- ½ pollo criollo
- ¼ de cebolla
- 4 chiles guajillos
- 2 chiles chilcostles o chilhuacles amarillos
- 1 chile ancho
- 3 hojas de hierba santa
- 200 g de masa de maíz nixtamalizado
- sal al gusto
- 10 totomoxtles
- tortillas de maíz al gusto

Procedimiento

1. Ponga a hervir en 3 litros de agua el cerdo y el pollo con la cebolla y sal al gusto. Cuando estén cocidos, córtelos en trozos y resérvelos. Asegúrese que haya obtenido 2 litros de caldo de esta preparación; de lo contrario, redúzcala o añádale un poco más de agua. Reserve este caldo.
2. Extraiga las semillas de los chiles y tuéstelas en un comal. Retire las venas de los chiles y deséchalas. Tueste en el mismo comal los chiles y remójelos durante 2 minutos en agua caliente.
3. Muela los chiles con un poco del caldo junto con sus semillas, las hojas de hierba santa y la masa de maíz. Cuele este molido, incorpórelo al caldo y añádale sal al gusto.
4. Precaliente una vaporera con agua. Corte un par de tiras de cada totomoxtle.
5. Dé forma de pequeño barco a cada totomoxtle, amarrándole los extremos con las tiras. Distribuya en cada uno el molido de chiles y acomódelos con cuidado en la vaporera. Deje que se cuezan durante 30 minutos.
6. Sirva con tortillas de maíz.

Nicuatole

Ingredientes para 8 porciones

- 1 taza de maíz criollo
- 8¼ tazas de agua
- 4 rajas pequeñas de canela
- ¾ de taza de azúcar
- grana cochinilla molida en un poco de agua (opcional)

Procedimiento

1. Ponga sobre el fuego 4 tazas de agua. Cuando hierva, añádale el maíz y deje que hierva durante 6 minutos. Retire el maíz del fuego y deje que repose en el agua durante 10 horas.
2. Deseche el agua en que reposó el maíz y muélalo en un metate o molino hasta obtener una masa muy fina. Disuélvala en 4 tazas del agua restante y pase la preparación a través de un colador fino.
3. Coloque sobre el fuego una olla con el ¼ de taza de agua restante y las rajas de canela. Deje que el agua hierva durante 1 minuto y añádale la preparación molida de maíz. Cocine la preparación, sin dejarla de mover, hasta que tenga una consistencia semiespesa. Añádale el azúcar, vacíela en recipientes y deje que se enfríen.
4. Desmolde los nicuatoles de los recipientes. Decore con la grana cochinilla la superficie de los nicuatoles y los platos donde los servirá.

Municipio por municipio

Pablo Salas nació en Toluca, Estado de México. Es un cocinero que porta con mucho orgullo su origen y así lo externa en cuanta ponencia de algún congreso en México o el mundo le invitan a dictar.

Su carrera, principalmente autodidacta, alzó el vuelo hacia principios de 2004, cuando tomó las riendas de su primer restaurante, el cual adquirió por traspaso. El camino, siempre recuerda, fue arduo y el aprendizaje amplio, pues para 2008, al haber crecido su experiencia y haber resultado finalista en un par de concursos nacionales, inició un proceso de introspección en el que descubrió una gran riqueza gastronómica desaprovechada por muchos, incluso por él: la cocina de su natal Estado de México.

Viajar por varios municipios de la entidad (algo que hace religiosamente cada mes hasta la fecha), comer, conocer cocineras tradicionales, nuevos ingredientes y recetas, forman parte del día a día de este cocinero, hoy convertido en uno de los mejores del país, dicho no solamente por la prensa especializada, sino principalmente por sus colegas cocineros, quienes le quieren y admiran.

De la mano de sus padres y de su hermano, el reconocido *sommelier* Francisco Salas, en septiembre de 2010 nació Amaranta, con el propósito de representar una gastronomía local que trasladara al comensal a esos recuerdos de la cocina de campo de la entidad y a los sabores de las comunidades tan diversas por suelos y climas, de uno de los estados más poblados del país.

Como complemento para el concepto, Pablo decidió ponerle apellido a Amaranta y lo nombró: Amaranta, Cocina Mexiquense Contemporánea de Pablo Salas. Su constante trabajo y continuo compromiso como representante de la gastronomía mexiquense han logrado que haya sido incluido, desde 2014, en la lista The Latin America's 50 Best Restaurants.

Es delegado del Conservatorio de la Cultura Gastronómica Mexicana (CCGM), es miembro del Colectivo Mexicano de Cocina, A. C. e imparte clases de cocina en diversos centros educativos de México. Está convencido que en la educación gastronómica de la actualidad puede estar la clave para la salvaguardia de los sabores de la cocina tradicional mexicana, los cuales se están perdiendo entre los cambios generacionales y la agitada vida moderna que cada vez nos aleja más de la cocina.

Croquetas de huauzontles

Ingredientes para 12 porciones

Caldillo de jitomate
- 10 jitomates
- ½ cebolla troceada
- 2 dientes de ajo
- ½ cucharada de aceite
- 1 ½ hojas de laurel
- 1 ℓ de fondo de ave
- sal al gusto

Puré de frijol
- ½ cucharadita de aceite
- ½ diente de ajo picado finamente
- 50 g de cebolla picada finamente
- 250 g de frijoles negros cocidos
- ½ chile de árbol seco, frito
- 1 cucharada de crema para batir

Polvo de chiles
- 1 chile de árbol sin semillas
- 1 chile morita sin semillas
- 2 chiles anchos sin semillas
- 2 chiles pasilla sin semillas
- 5 chiles guajillo sin semillas

Croquetas
- 550 ml de leche entera
- 1 g de nuez moscada molida
- 3 g de sal
- 1 g de pimienta negra molida
- 125 g de mantequilla
- 125 g de harina de trigo + 200 g
- 600 g de inflorescencias de huauzontles blanqueadas y escurridas
- 2 ℓ de aceite
- 360 g de queso Oaxaca
- 3 huevos
- 300 g de panko

Montaje
- 200 g de queso de prensa rallado
- 100 g de brotes de berro

Procedimiento

Caldillo de jitomate
1. Hierva en suficiente agua los jitomates con la cebolla y los ajos. Retire los ingredientes del fuego, déjelos entibiar, lícuelos y cuele el molido.
2. Coloque sobre el fuego una olla con el aceite; cuando se caliente, añádale el caldillo de jitomate y el fondo de ave. Cuando hierva, agréguele las hojas de laurel y sal al gusto, y retírelo del fuego. Resérvelo.

Puré de frijol
1. Sofría en el aceite el ajo y la cebolla. Añádales los frijoles cocidos, y cuando hiervan, incorpore el chile de árbol. Licue todos los ingredientes con una licuadora de inmersión. Añada la crema paulatinamente hasta obtener una consistencia tersa. Retire el puré de frijol del fuego y resérvelo.

Polvo de chiles
1. Precaliente un deshidratador a 55 °C y deshidrate en él los chiles por 12 horas.
2. Triture los chiles hasta reducirlos a polvo y páselo por un tamiz. Reserve.

Croquetas
1. Mezcle la leche con la nuez moscada, la sal y la pimienta.
2. Coloque sobre el fuego un sartén con la mantequilla. Cuando se funda, añádale los 125 gramos de harina. Cocine la preparación hasta que se dore. Agréguele la leche y cocine la salsa bechamel a fuego bajo hasta que obtenga una consistencia semiespesa. Retire la salsa del fuego, incorpórele las inflorescencias de huauzontles, extienda la preparación sobre una charola y déjela enfriar.
3. Precaliente el aceite a 160 °C.
4. Forme con la mezcla anterior esferas de 40 gramos y rellene cada una con 10 gramos de queso Oaxaca.
5. Enharine las esferas, páselas por huevo y empanícelas con panko. Repita este paso una vez más. Al final, compacte las croquetas y verifique que su forma sea regular.
6. Fría las croquetas en el aceite, en tandas, durante 2 minutos. Sáquelas del aceite y retíreles el exceso de éste.

Montaje
1. Caliente el caldillo de jitomate. Distribuya en platos un poco del puré de frijol y 3 croquetas por plato. Espolvoree el polvo de chiles, el queso de prensa y decore con los brotes de berros. Sirva con el caldillo de jitomate frente al comensal.

Tostadas de salpicón
de conejo adobado

Ingredientes para 10 porciones

Conejo adobado
- 4 chiles guajillo sin semillas, hidratados previamente
- 10 g de cebolla
- ¼ de diente de ajo
- 1 g de orégano seco
- 25 ml de vinagre blanco
- ½ botella chica de cerveza oscura
- hierbas de olor al gusto
- 1 conejo entero, sin cabeza ni vísceras
- sal y pimienta molida, al gusto
- cantidad suficiente de hojas de plátano asadas

Mousse de aguacate
- 350 g de pulpa de aguacate Hass
- 50 ml de jugo de limón
- 160 ml de crema para batir
- sal y pimienta molida, al gusto
- aceite de oliva al gusto

Salpicón de conejo
- 1 lechuga italiana cortada en *chiffonade*
- 500 g de cebolla morada cortada en *brunoise*
- 1 chile manzano sin semillas, cortado en *brunoise*
- 650 g de jitomates cherry de colores, cortados por la mitad
- 430 ml de aceite de oliva
- 430 ml de vinagre blanco
- sal y pimienta molida, al gusto

Montaje
- 10 tostadas de maíz
- puré de frijol al gusto (ver receta Croquetas de huauzontles, pág. 270)
- 50 g de queso de prensa rallado
- 3 g de brotes de rábano
- láminas de rábano, al gusto

Procedimiento

Conejo adobado
1. Licue los chiles con la cebolla, el ajo, el orégano, el vinagre y sal y pimienta al gusto.
2. Mezcle el adobo de chile guajillo con la cerveza y las hierbas de olor. Salpimiente el conejo y marínelo en el adobo durante 6 horas en refrigeración.
3. Precaliente una vaporera con agua. Envuelva el conejo en las hojas de plátano, introdúzcalo a la vaporera y deje que se cocine durante 40 minutos o hasta que la carne esté muy suave. Retire el conejo del fuego y deje que se entibie. Deshebre la carne y resérvela.

Mousse de aguacate
1. Licue la pulpa de aguacate con el jugo de limón y sal y pimienta al gusto. Cuele el molido y añádale poco a poco la crema, mientras sigue licuando, con la finalidad de airear la preparación. Introduzca el *mousse* en un dispensador con boquilla y resérvelo.

Salpicón de conejo
1. Mezcle la carne de conejo deshebrada con la lechuga, la cebolla, el chile manzano y los jitomates cherry. Incorpore el aceite de oliva, el vinagre y sal y pimienta al gusto.

Montaje
1. Unte un lado de las tostadas de maíz con puré de frijol y distribuya encima el salpicón de conejo. Espolvoree encima el queso y decore con el *mousse* de aguacate, los brotes y las láminas de rábano.

Ensalada de nopales curados

Ingredientes para 4 porciones

Salsa de chile de árbol

- 1½ jitomates guajes tatemados
- 10 g de cebolla tatemada
- 1 diente de ajo
- 5 g de cilantro
- 5 g de epazote
- 1 chile de árbol seco, frito
- sal y pimienta al gusto

Ensalada de nopales curados

- 500 g de nopales cortados en juliana
- 150 g de sal de grano
- 40 g de habas verdes
- 40 g de cebolla morada picada
- 80 g de jitomate guaje picado
- 12 g de cilantro
- 20 ml de aceite de oliva extra virgen
- 20 ml de vinagre blanco
- 1 g de orégano

Montaje

- 100 g de puré de frijol (ver receta Croquetas de huauzontles, pág. 270)
- 8 jitomates uva de diferentes colores, partidos por la mitad
- 10 g de queso Cotija rallado
- 1 g de brotes de cilantro

Procedimiento

Salsa de chile de árbol

1. Licue todos los ingredientes y cuele. Reserve.

Ensalada de nopales curados

1. Talle con fuerza los nopales con la sal de grano hasta que al levantar algunos de ellos, el mucílago caiga en forma de hilo. Enjuáguelos muy bien y séquelos perfectamente.
2. Mezcle los nopales con el resto de los ingredientes.

Montaje

1. Coloque en platos un poco del puré de frijol y encima distribuya la ensalada de nopales curados y las mitades de jitomate uva. Espolvoree el queso Cotija, decore con los brotes de cilantro y acompañe con la salsa de chile de árbol.

Lengua de res encacahuatada

Ingredientes para 6 porciones

Polvo de cebolla
- 250 g de cebolla

Lengua
- 1 kg de lengua de res cruda
- 250 g de cebolla
- 100 g de dientes de ajo
- 5 g de sal fina
- 5 g de pimienta negra
- 200 g de hierbas de olor

Salsa encacahuatada
- 1 cucharada de aceite
- 20 g de cebolla tatemada
- 2½ dientes de ajo tatemados
- 1½ jitomates guaje cortados en cuartos
- 25 g de cacahuates tostados, sin cáscara
- 12 g de ajonjolí
- 500 ml de fondo de ave
- 12 g de pan frito
- 12 g de tortilla frita
- sal y pimienta al gusto

Puré de papa ahumada
- 3 papas ahumadas
- 10 g de mantequilla
- 25 ml de leche entera
- 20 ml de crema para batir
- sal y pimienta al gusto

Puré de brócoli
- 25 g de mantequilla
- 100 g de cebolla fileteada
- 250 g de floretes de brócoli blanqueados
- 15 ml de crema para batir
- sal y pimienta al gusto

Montaje
- brotes al gusto
- rodajas de rábano al gusto
- rodajas de cebolla cambray al gusto

Procedimiento

Polvo de cebolla
1. Deshidrate por completo las cebollas en un deshidratador o en el horno a baja temperatura. Muélalas en la licuadora hasta hacerlas polvo. Reserve.

Lengua
1. Hierva la lengua en suficiente agua con el resto de los ingredientes durante 1 hora. Retire la lengua del agua y sumérjala en agua fría con hielos. Retírele la piel y córtela en cubos de 1 centímetro. Reserve.

Salsa encacahuatada
1. Sofría en el aceite la cebolla y el ajo tatemados junto con el jitomate, el cacahuate y el ajonjolí durante un par de minutos. Añada el fondo de ave, el pan y tortilla, y deje que la preparación hierva durante 10 minutos. Agregue sal y pimienta al gusto y deje hervir 3 minutos más. Licue la preparación con una licuadora de inmersión hasta que obtenga una salsa tersa. Cuélela y resérvela.

Puré de papa ahumada
1. Pele las papas y páselas a través de un pasapurés. Incorpore al puré la mantequilla, la leche, la crema y sal y pimienta al gusto. Reserve.

Puré de brócoli
1. Saltee en la mantequilla la cebolla durante un par de minutos. Lícuela junto con el brócoli, la crema para batir y sal y pimienta al gusto. Reserve.

Montaje
1. Coloque en platos el puré de papa y el puré de brócoli, y encima de ellos los cubos de lengua. Bañe con la salsa encacahuatada y distribuya los brotes y las rodajas de rábano y de cebolla. Decore con el polvo de cebolla.

Sopa fría de menta

Ingredientes para 6 porciones

Jarabe de menta
- 320 ml de agua
- 100 g de azúcar refinada
- 40 g de menta fresca blanqueada con 1 pizca de bicarbonato

Merengues de flor de Jamaica
- 250 ml de agua
- 20 g de flores de Jamaica
- 125 ml de clara líquida
- 7 g de clara en polvo
- 50 g de azúcar refinada
- 1 g de goma xantana
- 10 g de flores de Jamaica en polvo
- 3 g de ácido cítrico en polvo

Sorbete de limón
- 350 ml de agua
- 150 g de azúcar refinada
- 3.5 g de glicerina
- 225 ml de jugo de limón colado
- 0.5 g de goma xantana

Sorbete de zarzamora
- 750 g de zarzamora fresca
- 250 ml de agua
- 175 g de azúcar refinada

Láminas de pepino impregnado
- 1 pepino
- el jugo de 2 limones, colado
- 5 g de sal de grano
- 20 hojas de menta fresca

Montaje
- 30 hojas de acedera
- 18 hojas de espinaca *baby*

Procedimiento

Jarabe de menta
1. Hierva el agua con el azúcar durante 2 minutos. Enfríe este jarabe en un recipiente con agua y hielos, y lícuelo con la menta. Cuele y reserve en refrigeración.

Merengues de flor de Jamaica
1. Haga una infusión con el agua y las flores de Jamaica. Enfríela y resérvela.
2. Precaliente el horno a 70 °C.
3. Coloque en la batidora ambas claras y bátalas hasta que se esponjen. Añada el resto de los ingredientes y continúe batiendo hasta que el volumen del merengue se haya duplicado. Incorpore poco a poco la infusión de Jamaica.
4. Extienda el merengue en 3 charolas de 20 × 30 centímetros cubiertas con papel encerado y hornéelo durante 2 horas. Retire los merengues del horno, porciónelo en trozos grandes, aparte 6 de éstos para el montaje y reserve el resto para otros usos.

Sorbete de limón
1. Hierva el agua con el azúcar durante 5 minutos. Enfríe este jarabe en un recipiente con agua y hielos. Añádale el resto de los ingredientes y turbine la mezcla en Paco-jet®. Introduzca la preparación al congelador y deje que se congele durante 12 horas.
2. Vacíe la preparación en 7 tubos de acetato de 1.5 centímetros de diámetro por 30 centímetros de largo. Meta al congelador los tubos durante un par de horas, córtelos en porciones de 4 centímetros de largo, aparte 6 de éstas para el montaje y reserve el resto para otros usos.

... continúa en la página 301

Cocina yucateca de vanguardia

Uno de los grandes pioneros en la vanguardia de la cocina mexicana es el chef Roberto Solís, originario de Mérida, Yucatán, donde actualmente dirige la cocina del afamado restaurante Néctar.

Comenzó su trayectoria profesional trabajando en cocinas de hoteles del estado. Años después, con tan solo 27 años y una visión clara de lo que estaba buscando, decidió abrir Néctar, en noviembre de 2003. La cocina de Roberto proviene principalmente de sus experiencias personales viajando por el mundo. En el verano de 2005 decidió viajar a The Fat Duck Restaurant en Inglaterra, entonces la cuna de la vanguardia culinaria mundial, para aprender sobre la muy de moda cocina molecular, del chef Heston Blumenthal.

Más tarde, en el verano de 2006 viajó a Dinamarca y trabajó en el restaurante Noma, donde conoció "la nueva cocina escandinava" bajo el mando del chef René Redzepi, con quien tiene una gran amistad hasta el día de hoy. En 2006, los dos chefs decidieron cocinar juntos en Mérida y luego en la Ciudad de México.

En el verano de 2008 la sed de conocimiento lo llevó a realizar una estancia en el restaurante Per Se del chef Thomas Keller, en Nueva York, Estados Unidos. Fue allí que tuvo el privilegio de experimentar otro gran concepto "La nueva cocina americana-francesa". Luego viajó a Tokio, donde estuvo en Les Créations de Narisawa, trabajando codo a codo con el chef japonés Narisawa, de quien aprendió sobre el gran "minimalismo culinario japonés".

La filosofía de Roberto se lleva a cabo en armonía con la naturaleza, creando lo que hoy se conoce como "La nueva cocina yucateca". Los fundamentos de ésta son los ingredientes de la región, transformando la cocina yucateca con una visión fresca, incorporando flores, hierbas y animales locales, como venado (ciervo local de criadero certificado), pecarí y cerdo pelón (cochinillo).

Después de muchos años de tratar de experimentar e innovar con los productos locales y la posible utilización de los mismos en diferentes recetas, un tanto alejadas de la rigurosa tradición, Roberto finalmente logró la creación de una nueva cocina, aplicando técnicas de vanguardia con ingredientes frescos locales.

Kibis de vegetales

Ingredientes para 6 porciones

Kibis
- 120 ml de agua
- 280 g de trigo
- cantidad suficiente de aceite
- 120 g de calabaza local
- 60 g de calabaza estrella
- 48 g de zanahoria
- 60 g de calabaza criolla
- 72 g de pepino
- 12 ml de aceite de oliva
- sal al gusto
- 36 g de chile shishito picado

Montaje
- 980 g de yogur
- 12 g de queso Cotija
- guías de calabaza al gusto

Procedimiento

Kibis
1. Coloque el agua sobre el fuego. Cuando hierva, añádale el trigo y deje que hierva hasta que se suavice. Añádale la sal y deje que se entibie.
2. Precaliente el aceite. Forme con la mezcla de trigo discos ligeramente gruesos y fríalos. Resérvelos.
3. Corte todos los vegetales en láminas y blanquéelas por separado. Alíñelos con el aceite de oliva y sal al gusto.

Montaje
1. Coloque los kibis en platos y únteles encima el yogur. Coloque los vegetales encima, espolvoree el queso Cotija y decore con las guías de calabaza. Sirva con el chile shishito.

Taco de sashimi

Ingredientes para 8 porciones

Sashimi
- 500 ml de licor de xtabentún
- 4 g de anís estrella
- 30 g de azúcar refinada
- 22 g de sal de grano
- 1 kg de filete de pescado

Leche de tigre
- 5 ml de aceite
- 10 g de cebolla picada en *brunoise*
- 5 g de ajo picado en *brunoise*
- 100 ml de *fumet* reducido
- 120 g de jitomate cherry
- 40 g de chile x'catic asado, sin semillas ni venas
- 20 ml de jugo de naranja agria
- cantidad suficiente de agar-agar
- sal al gusto

Cremoso de aguacate
- 220 g de pulpa de aguacate Hass
- 8 ml de aceite de oliva
- 85 g de clorofila de hierbas
- 15 ml de jugo de limón
- sal al gusto

Clorofila de hierbas
- 40 g de chaya
- 40 g de perejil
- 80 g de cilantro
- 40 g de epazote
- 80 ml de agua purificada

Tortillas
- 200 g de masa de maíz nixtamalizado
- 20 g de manteca de cerdo
- 4 ml de fondo de pollo
- sal al gusto

Montaje
- rodajas de chile x'catic al gusto
- hojas de mastuerzo al gusto
- cebolla morada fileteada al gusto
- pétalos comestibles, al gusto

Procedimiento

Sashimi
1. Mezcle el licor de xtabentún con el anís, el azúcar y la sal. Coloque en esta mezcla el filete de pescado, introdúzcalo al refrigerador y deje que se marine durante 72 horas.
2. Corte el filete de pescado en láminas finas y resérvelas.

Leche de tigre
1. Saltee en el aceite la cebolla y el ajo y licuelos con el *fumet*, el jitomate, el chile x'catic, el jugo de naranja agria y sal al gusto. Cuele el molido y pese el líquido resultante. De esta medida, pese el 1% de agar-agar.
2. Ponga el líquido resultante sobre el fuego. Cuando hierva. añádale en forma de lluvia el agar-agar, sin dejarlo de mover, hasta que éste se disuelva por completo. Deje enfriar hasta que se gelifique. Cuele y reserve.

Cremoso de aguacate
1. Licue la pulpa de aguacate con el resto de los ingredientes hasta obtener una mezcla homogénea y tersa. Cuele y reserve.

Clorofila de hierbas
1. Blanquee las hierbas y sumérjalas de inmediato en agua fría con hielos. Licuelas con el agua, cuélelas a través de una estameña y reserve.

Tortillas
1. Mezcle la masa con el resto de los ingredientes hasta que obtenga una consistencia suave y manejable. Porcione la masa en esferas de 25 gramos aproximadamente y deles forma de tortillas con una prensa para tortillas. Extraiga de cada tortilla un círculo con ayuda un cortador circular de 12.5 centímetros. Ase las tortillas en un comal por ambos lados hasta que se cocinen y resérvelas.

Montaje
1. Haga tacos con las tortillas, el sashimi, la leche de tigre y el cremoso de aguacate. Sirva con la clorofila de hierbas y decore con las rodajas de chile x'catic, las hojas de mastuerzo, la cebolla morada y los pétalos.

Calabazas en texturas

Ingredientes para 2 porciones

Puré de calabaza mantequilla
- 1 calabaza mantequilla de 600 g cortada por la mitad
- 40 g de sal de grano
- 5 g de pimienta negra molida
- 5 g de tomillo
- 45 ml de aceite de oliva extra virgen
- 100 ml de fondo de pollo
- sal al gusto

Crema de calabaza local
- 210 g de calabaza local, sin cáscara
- 1.5 ℓ de leche
- 15 ml de aceite
- 25 g de cebolla picada en *brunoise*
- 7 g de ajo picado en *brunoise*
- 50 ml de fondo de pollo
- sal al gusto

Queso de almendra
- 200 g de almendras enteras
- 500 ml de leche bronca
- 15 ml de aceite de oliva
- el jugo de 1 limón persa
- sal al gusto

Calabazas
- 1 calabaza criolla cortada en gajos
- 4 calabazas italianas *baby* cortadas en láminas
- 1 calabaza local cortada en láminas
- 80 g de mantequilla
- sal al gusto

Montaje
- 10 g de queso Cotija rallado
- pimienta negra molida, al gusto

Procedimiento

Puré de calabaza mantequilla
1. Precaliente el horno a 180 °C. Espolvoree la pulpa de la calabaza con la sal de grano, la pimienta negra y el tomillo, y rocíela con el aceite de oliva. Hornee la calabaza durante 2 horas o hasta que esté cocinada por dentro y rostizada por fuera.
2. Deseche las semillas de la calabaza y extráigale la pulpa. Lícuela hasta obtener un puré terso. Mézclela con el fondo de pollo y añada sal y pimienta al gusto. Reserve.

Crema de calabaza local
1. Ponga a hervir la calabaza con la leche hasta que se suavice. Cuélela y resérvela. Saltee en el aceite la cebolla y el ajo y lícuelos con la calabaza, el fondo de pollo y sal al gusto. Cuele la crema y resérvela.

Queso de almendra
1. Remoje las almendras en agua durante 2 horas. Sáquelas del agua, pélelas y déjelas remojando en la leche bronca durante 8 horas.
2. Muela toscamente las almendras con la leche donde se remojaron. Pase el molido a través de una estameña y reserve el líquido resultante. Mezcle el producto sólido con el aceite de oliva, el jugo de limón y sal al gusto; cerciórese que tenga una consistencia untuosa y resérvelo.

Calabazas
1. Blanquee las calabazas y saltéelas en mantequilla con sal al gusto. Resérvelas.

Montaje
1. Coloque el puré de calabaza mantequilla y la crema de calabaza local en platos. Acomode encima de ellos las calabazas y espolvoree con el queso Cotija y pimienta negra al gusto. Sirva con el queso de almendra.

Venado con tamal
de plátano macho

Ingredientes para 3 porciones

Cebolla curtida
- 500 ml de jugo de naranja agria
- 8 g de semillas de cilantro
- 20 g de orégano local seco
- 20 g de hojas de laurel
- 20 g de pimientas negras
- 8 g de sal fina
- 120 g de cebollas volcán blancas partidas por la mitad

Puré de plátano macho
- 2 plátanos machos sin cáscara
- 300 g de mantequilla
- cantidad suficiente de fondo de pollo

Tamal de plátano macho
- 50 g de masa de maíz nixtamalizado
- 160 g de puré de plátano macho
- 180 ml de fondo de pollo
- cantidad suficiente de rectángulos de hojas de plátano asados

Salsa de maíz tatemado
- 2 ml de aceite
- 18 g de cebolla
- 1 g de ajo
- 40 g de maíz tatemado
- 50 ml de fondo de pollo
- 16 g de mantequilla avellanada
- 72 g de *glace* de venado

Venado
- 20 g de semillas de cilantro tatemadas
- 20 g de pimientas negras tatemadas
- 20 g de comino entero tatemado
- 20 g de clavo entero tatemado
- 20 g de semillas de achiote
- 40 ml de aceite de oliva
- 4 g de chile x'catic tatemado, cortado en *brunoise*
- 960 g de filete de venado
- 100 g de mantequilla
- 80 ml de aceite
- 30 g de ajo
- 15 g de tomillo
- sal al gusto

Montaje
- brotes de cilantro al gusto
- pétalos comestibles al gusto

Procedimiento

Cebolla curtida
1. Mezcle todos los ingredientes excepto las cebollas. Blanquee en esta mezcla las cebollas y déjelas enfriar. Resérvelas.

Puré de plátano macho
1. Empaque en bolsas de vacío los plátanos y la mantequilla. Cocínelos en un termocirculador durante 30 minutos.
2. Mezcle los plátanos con el fondo de pollo hasta obtener un puré.
3. Aparte 160 gramos de este puré para elaborar el tamal de plátano macho. Reserve el resto para otros usos.

Tamal de plátano macho
1. Mezcle la masa de maíz con el puré de plátano y el fondo de pollo. Coloque la mezcla sobre el fuego y cocínela, sin dejarla de mover, hasta que se espese y no sepa cruda.
2. Sobreponga dos rectángulos de hojas de plátano para formar una cruz, coloque en medio un poco de la masa y cierre las hojas sobre sí mismas para formar un tamal cuadrado. Repita este paso con el resto de la masa y las hojas. Resérvelos.

... continúa en la página 301

Tamal de coco

Ingredientes para 5 porciones

Polvo de coco
- 20 g de maltodextrina
- 20 g de aceite de coco
- 20 g de azúcar glass

Cremoso de coco
- 250 ml de leche de coco
- 15 g de Ultra-Tex®
- 25 g de azúcar refinada

Tamal de coco
- 450 ml de leche de coco
- 51 g de aceite de coco
- 60 g de azúcar refinada
- 75 g de masa de maíz nixtamalizado
- 5 cuadros grandes de hojas de plátano asados

Montaje
- crema batida al gusto
- pétalos blancos comestibles, al gusto

Procedimiento

Polvo de coco
1. Mezcle bien todos los ingredientes. Deshaga la preparación con las yemas de los dedos para formar esferas finas. Reserve en un recipiente hermético.

Cremoso de coco
1. Licue todos los ingredientes con una licuadora de inmersión hasta obtener una mezcla espesa. Cuele.

Tamal de coco
1. Precaliente una vaporera con agua.
2. Mezcle todos los ingredientes excepto las hojas de plátano. Hierva la mezcla, sin dejar de moverla, durante 20 minutos como mínimo o hasta que se espese.
3. Cuele la mezcla, distribúyala en las hojas de plátano, envuélvalas sobre sí mismas para formar los tamales y deje que se enfríen.

Montaje
1. Sirva los tamales con el cremoso de coco, el polvo de coco y la crema batida. Decore con los pétalos.

Tostaditas de coco en distintas...

(viene de la página 84)

Procedimiento

Minilla de coco

1. Fría las especias en el aceite de oliva durante 30 segundos. Añádales la cebolla y el ajo y sofría a fuego bajo durante 2 minutos más. Incorpore a la preparación el jitomate y el pimiento, y deje que la salsa se cocine a fuego bajo hasta que se espese.
2. Incorpore a la salsa el coco y sal al gusto. Reserve la minilla.

Cremoso de aguacate

1. Extraiga la pulpa de los aguacates y lícuela con el resto de los ingredientes hasta obtener un puré. Páselo por un colador fino y resérvelo.

Montaje

1. Coloque en platos un poco del cremoso de aguacate.
2. Unte 10 tostaditas con el cremoso de aguacate, dejando el borde libre. Distribuya en ella el coco en escabeche, coloque encima los discos de zanahoria y decórelas con los brotes de cilantro.
3. Distribuya en 10 tostadas el salpicón de coco y decórelas con los quelites.
4. Unte las 10 tostaditas restantes con los frijoles refritos y distribúyales la minilla de coco. Decórelas con las mitades de jitomate cherry y brotes de arúgula.
5. Coloque en cada plato 1 tostadita de cada variedad y sirva.

Chirmol con short rib

(viene de la página 88)

Procedimiento

Láminas de calabaza

1. Corte en láminas muy delgadas la calabaza criolla con ayuda de una rebanadora.
2. Coloque sobre el fuego un sartén con el aceite; cuando esté caliente, añádale las láminas de calabaza y el ajo y deje que se cocinen sin que se deshagan. Agregue sal y pimienta al gusto y retírelas del fuego. Resérvelas.

Montaje

1. Caliente la salsa de chirmol y los *short rib*. Distribuya en platos la salsa de chirmol en forma de espejo y ponga en el centro los *short rib*. Coloque encima de estos últimos el puré de plátano, y encima las láminas de calabaza enrolladas sobre sí mismas.
2. Rocíe los platos con el aceite de oliva y sirva con las cebollas en vinagre.

Plátano, maracuyá y cacao en una canción

(viene de la página 90)

Procedimiento

2. Para montar, empanice las rodajas de plátano osmotizado con el polvo de palomitas. Coloque encima de ellas un poco de crema de elote (ver Estribillo) y decore con pétalos comestibles.

Estrofa

1. La Estrofa se compone de Láminas de plátano deshidratado, *Mousse* de plátano y maracuyá, Nibs de cacao y Plátano osmotizado. Coloque como base 1 lámina de plátano deshidratado; sobre ella, un poco de *mousse* de plátano y maracuyá. Encima un poco de nibs de cacao, cubos de plátano osmotizado y finalmente láminas de plátano deshidratado.

Pre-estribillo

1. El Pre-estribillo se compone de Gomitas de maracuyá. Para elaborarlas, mezcle la pectina con 25 gramos de azúcar. Coloque sobre el fuego la pulpa de maracuyá, y cuando hierva, añádale poco a poco la mezcla de pectina con azúcar, sin dejar de mover, hasta que se disuelva perfectamente. Agregue a la preparación la mitad del azúcar y continúe moviéndola hasta que se integre perfectamente. Deje que hierva. Incorpore el resto del azúcar y el ácido cítrico, y remueva la preparación continuamente hasta que se integre. Deje que hierva nuevamente. Añada la glucosa, intégrela muy bien, y deje que la preparación se cueza a fuego bajo hasta que llegue a 105 °C. Retírela del fuego y extiéndala de inmediato en un tapete siliconado, formando con ella un bloque de 1 centímetro de grosor. Corte cubos de 2 milímetros.
2. Para montar, coloque encima de cada gomita Peta Zetas®.

Estribillo

1. El Estribillo se compone de Tamalito de maíz, Polvo de hojas de elote y Crema de elote. Para los tamalitos de maíz, licue los granos de elote con la leche durante 1 minuto. Cuele la preparación y reserve el líquido resultante y el bagazo por aparte. Precaliente una vaporera con agua. Mezcle el bagazo con la crema para batir, la mantequilla, 100 gramos de azúcar y la sal hasta obtener una pasta homogénea. Corte trozos de hojas de elote de forma que pueda colocar en cada uno 30 gramos de la mezcla y darles forma rectangular. Distribuya la mezcla en ellos, deles forma rectangular de 2 × 4 centímetros aproximadamente y cuézalos en la vaporera durante 45 minutos. Deje que se enfríen los tamalitos dentro de la vaporera.
2. Para el polvo de hojas de elote, precaliente el horno a 250 °C; cuando esté a la temperatura adecuada, coloque en una charola 5 hojas de elote y hornéelas durante 30 minutos o hasta que tengan un color marrón oscuro. Sáquelas del horno, déjelas enfriar y tritúrelas en una licuadora hasta reducirlas a polvo.
3. Para la Crema de elote, mezcle 250 mililitros del líquido resultante que reservó del molido de granos de elote con los 30 gramos de azúcar restantes. Coloque la mezcla sobre el fuego y deje que hierva a fuego bajo hasta que tenga una consistencia cremosa. Retírela del fuego, colóquela en un recipiente y cúbrala con plástico autoadherente, cerciorándose que este último tenga contacto directo con toda la preparación. Introdúzcala al refrigerador y deje que se enfríe.
4. Para montar, desenvuelva los tamalitos de maíz y espolvoréelos con el polvo de hojas de elote. Coloque encima un poco de la crema de elote y pétalos comestibles al gusto.

Puente musical

1. El Puente musical se compone de Tablillas de chocolate. Coloque sobre baño María ambos chocolates; cuando se fundan, retírelos del fuego.
2. Vierta el chocolate fundido en un tapete de silicón y forme una lámina de 2 milímetros de grosor. Antes de que se endurezca, pórciónela en rectángulos de 1.5 × 3 centímetros.
3. Para montar, coloque encima de los rectángulos de chocolate.

Montaje

1. Monte los diferentes elementos del platillo de acuerdo con el orden en la fotografía: Intro, Estrofa, Pre-estribillo, Estribillo, Estrofa, Puente musical, Estrofa, Pre-estribillo, Estribillo y Coda.

Chilaquiles de maíces criollos...

(viene de la página 100)

Procedimiento

Cebolla cambray encurtida

1. Corte la cebolla transversalmente por la mitad y deseche la parte de la raíz y el centro. Sepárela en capas.
2. Disuelva la miel en el vinagre y añádale el anís estrella y las capas de cebolla cambray. Deje que la preparación repose durante 1 hora.

Salsa negra de huitlacoche

1. Tateme el tomate, el chile serrano, el ajo, la cebolla y el chile pasilla hasta que se ennegrezcan.
2. Sofría en el aceite el huitlacoche durante un par de minutos. Lícuelo con los ingredientes tatemados y el fondo de ave. Ponga sobre fuego medio la mezcla con el epazote y deje que se cocine durante 1 hora. Añada sal al gusto y resérvela.

Codorniz

1. Licue todos los ingredientes excepto las pechugas de codorniz. Introduzca las pechugas de codorniz junto con el molido de epazote en una bolsa especial para empacar al vacío. Séllelas en la máquina de vacío y déjelas reposar durante 45 minutos.
2. Cocine las pechugas de codorniz en un sartén durante 2 minutos de cada lado. Resérvelas calientes.

Montaje

1. Distribuya en platos un círculo de puré de papa caliente. Corte las pechugas de codorniz en láminas y colóquelas encima del puré. Añada el jamón serrano troceado y las capas de cebolla encurtida; ralle encima el queso ahumado.
2. Coloque sobre las láminas de pechuga de codorniz las hojuelas de maíces y las de huitlacoche, de forma intercalada.
3. Decore con los brotes de epazote y añada la salsa negra de huitlacoche frente al comensal.

Sopa de milpa

(viene de la página 170)

Procedimiento

3. Distribuya la mezcla en los platos o moldes deseados. Déjela enfriar.

Puré de huitlacoche

1. Sofría todos los ingredientes, excepto el caldo de vegetales. Añádales el caldo y deje que la preparación se cocine hasta que obtenga una textura cremosa. Licue, rectifique la sazón y reserve.

Hongos silvestres

1. Saltee en el aceite la cebolla y el ajo picados con los hongos. Añádales sal al gusto y resérvelos.

Polvo de epazote

1. Precaliente un deshidratador a 60 °C.
2. Blanquee las hojas de epazote y séquelas bien. Introdúzcalas al deshidratador y déjelas allí durante 12 horas. Reduzca las hojas a polvo y resérvelo.

Polvo de cebolla tatemada y huitlacoche

1. Precaliente un deshidratador a 62 °C.
2. Ponga sobre carbón caliente la cebolla hasta que se tateme completamente. Introdúzcala al deshidratador y déjela allí durante 8 horas. Redúzcala a polvo y resérvela.
3. Ase el huitlacoche en un sartén y lícuelo. Extiéndalo en un tapete siliconado, introdúzcalo al deshidratador y déjelo allí durante 24 horas.
4. Reduzca a polvo el huitlacoche, mézclelo con el polvo de cebolla y resérvelo.

Montaje

1. Introduzca el caldo de maíz en cafeteras sifón o cona. Coloque en la parte superior el huitlacoche, los granos de maíz cocidos y tatemados, las hojas de epazote, el ajo y la cebolla tatemados, los 10 gramos de chile serrano, los pelos de elote, el totomoxtle quemado y la sal.
2. Distribuya en platos los elementos restantes del montaje junto con bizcochos de huitlacoche y chaya, la iota de maíz, el puré de huitlacoche, los hongos silvestres y los polvos de epazote y cebolla tatemada. Encienda las cafeteras sifón. Una vez terminado el proceso de éstas, sirva la sopa en los platos.

Escolar con puré de calabaza...

(viene de la página 196)

Procedimiento

Calabaza encurtida

1. Precaliente el horno a 130 °C.
2. Corte la calabaza por la mitad a lo ancho. Reserve para otros usos la mitad superior y retire la cáscara a la mitad inferior, es decir, la más ancha de la calabaza. Córtela por la mitad y con una mandolina extraiga medias lunas de 2 milímetros de grosor.
3. Coloque sobre el fuego el vinagre con el resto de los ingredientes. Cuando hierva, retírelo del fuego y deseche el chile. Extienda dentro de una bolsa para empacar al vacío las láminas de calabaza de forma que no se maltraten. Vierta dentro el vinagre y empáquelas al vacío. Hornéelas durante 4 minutos con la función de vapor del horno al 100 %. Retírelas del horno y deje que se enfríen antes de sacarlas. Aparte 100 gramos de esta preparación para emplearla en el montaje de esta receta y reserve el resto para otros usos.

Piña confitada

1. Fría en la mantequilla los cubos de piña a temperatura muy baja durante 1 hora. Aparte 80 gramos de esta preparación para emplearla en el montaje de esta receta y reserve el resto para otros usos.

Montaje

1. Extraiga filetes del escolar de aproximadamente 130 gramos cada uno. Cubra una de las caras de los filetes con la pasta de chile meco que previamente reservó.
2. Coloque sobre el fuego un sartén con 30 mililitros de aceite y muévalo para que se extienda en todo el sartén. Cocine en él las porciones de pescado, por el lado de la costra de chile, hasta que quede bien sellado. Coloque sobre el fuego otro sartén con la mantequilla y el aceite restante; termine de cocinar aquí las porciones de pescado, por el lado opuesto a la costra, entre 6 y 8 minutos o hasta que la temperatura interna sea de 65 °C.
3. Coloque sobre los platos un filete de pescado por porción, con la parte de la costra hacia arriba. Ponga a un lado un poco de piña confitada, las rebanadas de calabaza encurtida en forma de conos y el puró dc calabaza. Decore con las rodajas de calabaza italiana y las flores de cilantro.

Tártara de aguacate criollo...

(viene de la página 222)

Procedimiento

Puré de aguacate

1. Licue la pulpa de aguacate con la crema, el agua, el jugo de limón y la sal. Cuele el puré y resérvelo.

Montaje

1. Parta por la mitad a lo largo los aguacates y córtelos en rebanadas.
2. Corte los jitomates riñón en cuartos y mézclelos con algunas rebanadas de aguacate y los chapulines. Añádales vinagreta virgen al gusto y reserve esta mezcla.
3. Corte las cebollas cambray en aros, el pepino con todo y piel en cubos pequeños, y el chile serrano en tiras delgadas. Mezcle estos ingredientes con los 250 gramos de frijoles que reservó, el aguachile de ajonjolí, el orégano, el jugo de limón y sal al gusto.
4. Ponga en los platos la mezcla de rebanadas de aguacate con chapulines intercalada con la mezcla de frijoles. Coloque armónicamente las rebanadas de aguacate restantes, los brotes de cilantro y los aros de cebolla cambray. Sirva con el puré de aguacate y más vinagreta virgen.

Pollo marinado con pipián...

(viene de la página 224)

Procedimiento

2. Añada las hojas de rábano, de conejo, de lechuga y de hierba santa. Deje que la preparación se cocine durante 30 minutos más. Retírela del fuego y déjela entibiar.
3. Licue la preparación hasta que tenga una textura fina. No la cuele.
4. Ponga sobre el fuego una cazuela con la manteca; cuando esté caliente, añada el pipián y el caldo de pollo. Deje que la preparación se cocine a fuego bajo durante 3 horas, removiéndola constantemente.
5. Escalfe las hojas de epazote y cilantro y lícuelas con un poco del pipián. Añada este molido a la cazuela y deje que el pipián se cocine durante 30 minutos más. Añada al final sal de Colima al gusto.

Maíces criollos y nopales

1. Mezcle muy bien el agua con la cal y divídala en 4 partes iguales. Coloque cada una, por separado, sobre el fuego. Cuando hiervan, añada a cada una un tipo de maíz y deje que se cocinen durante 2½ horas.
2. Rectifique que los maíces estén cocidos; de lo contrario, déjelos sobre el fuego más tiempo.
3. Remueva los maíces en su agua de cocción para desprenderles el hollejo; cuélelos y enjuáguelos. Retire los hollejos de cada maíz y mézclelos.
4. Estruje los bastones de nopales con la sal para que ésta penetre en ellos. Enjuáguelos con suficiente agua para retirarles el exceso de sal y mucílago.

Montaje

1. Corte las cebollas cambray en rodajas y sumérjalas en agua con hielos. Resérvelas.
2. Saltee los maíces criollos con 90 mililitros de aceite de maíz, la cebolla picada y las hojas de epazote. Añada los nopales, el comino y sal al gusto, y retire la preparación del fuego. Resérvela.
3. Selle en un sartén con el aceite restante las porciones de pollo que reservó, por el lado de la piel, hasta que esta última quede totalmente dorada y crujiente.
4. Sirva porciones de pollo con la guarnición de maíces criollos y nopal; salséelas con pipián y decórelas con las rodajas de cebolla y las hojas de mastuerzo.

Chiltamal de chile ancho

(viene de la página 226)

Procedimiento

Salsa tatemada

1. Tateme todos los ingredientes, excepto la sal. Muélalos en un molcajete con sal al gusto y reserve la salsa.

Chiltamal

1. Mezcle a mano o en la batidora la masa de maíz con la manteca y la sal. Añada el caldo de verduras, mezclando hasta obtener una masa suave y homogénea. Rectifique la sazón y resérvela.
2. Ase los chiles y resérvelos.
3. Ponga a hervir en el agua el piloncillo, los dientes de ajo, la cebolla, la canela, la pimienta gorda y la hoja de laurel durante 20 minutos. Añádale el vinagre, retire la preparación del fuego e introduzca en ella los chiles. Cuando se enfríe, deje que éstos se marinen en refrigeración durante 24 horas.
4. Precaliente una vaporera con suficiente agua. Abra los chiles por un costado y por debajo, y retire con cuidado las venas y las semillas. Rellene los chiles con la masa, el queso Oaxaca, una de las porciones de ceniza de tortilla y la salsa macha. Ciérrelos. Introdúzcalos en la vaporera y deje que se cocinen durante 50 minutos. Déjelos reposar fuera del fuego hasta que se cuajen.

Montaje

1. Tateme ligeramente el chiltamal sobre un comal o sartén. Extienda en los platos un poco del caldillo de jitomate y coloque encima el chiltamal. Distribuya armónicamente el queso bola de Ocosingo, la crema, el chicharrón, las cebollas cambray asadas, las mitades de jitomate cherry y la cebolla morada en juliana. Acompañe con las salsas macha y tatemada.

Flan de flor de calabaza

(viene de la página 228)

Procedimiento

Helado de frijol rojo

1. Ponga sobre el fuego la leche con la crema para batir. Extraiga con un cuchillo el interior de la vaina de vainilla. Cuando hierva la mezcla de leche y crema, retírela del fuego e infusione en ella la vaina de vainilla con el interior que extrajo y las flores de manzanilla durante 30 minutos.
2. Añada a la leche el puré de frijoles rojos y licue la preparación. Mezcle las yemas con los huevos y el azúcar y añada el molido de frijol. Coloque la mezcla sobre el fuego y cocínela a fuego bajo, moviéndola constantemente, hasta obtener la consistencia de una crema inglesa. Retire la preparación del fuego, déjela enfriar a temperatura ambiente y procésela en una máquina para helados.

Guayabas en almíbar

1. Ponga a hervir las guayabas en el agua con el azúcar y el piloncillo durante algunos minutos. Retírelas del fuego, añada la ralladura de limón y déjelas reposar a temperatura ambiente.

Montaje

1. Porcione el flan. Sirva cada porción con un poco de caramelo y crema de rancho o nata fresca. Espolvoréelas con el polvo de flor de Jamaica y decore con los gajos de guayaba en almíbar, flores y frambuesas. Sirva al lado de cada porción un poco de queso de cuadro de Chiapas desmoronado y encima una *quenelle* de helado de frijol rojo. Decore con pétalos de flor de calabaza.

Tostada de chaya, puré de ibes...

(viene de la página 232)

Procedimiento

Rábanos curtidos

1. Ponga a hervir el vinagre de Jerez con el agua, el jugo de naranja, la pimienta gorda, el laurel, el tomillo y el azúcar.
2. Rebane finamente los rábanos con ayuda de una mandolina.
3. Vierta el líquido hirviendo sobre los rábanos y déjelos enfriar a temperatura ambiente.

Chaya frita

1. Precaliente el aceite a 180 °C.
2. Corte la chaya en círculos prequeños y fríalos durante 10 segundos. Añádales sal y resérvelos.

Montaje

1. Parta los limones por la mitad y tateme el interior con un soplete hasta que estén quemados.
2. Unte el puré de ibes sobre las tostadas de chaya y distribúyales los trozos de pulpo, un poco de los rábanos curtidos, brotes de cilantro y flores blancas comestibles, así como los círculos de chaya fritos. Exprímales encima un poco de jugo de limón asado y sirva las tostadas con él.

Huevo mollet empanizado...

(viene de la página 234)

Procedimiento

Jocoque con ajo

1. Precaliente el horno a 200 °C.
2. Coloque las mitades de la cabeza de ajo en una charola y añádales el aceite de oliva, la sal y la pimienta. Cúbralas con papel aluminio y hornéelas durante 25 minutos.
3. Separe los dientes de ajo, pélelos y aplástelos para hacer un puré. Incorpórele el jocoque, rectifique la sazón y reserve.

Aceite de chaya

1. Blanquee las hojas de chaya y transfiéralas de inmediato a un recipiente con agua fría y hielos. Escúrralas y séquelas muy bien, y licúelas con el aceite de oliva durante 4 minutos a máxima velocidad.
2. Pase la preparación a través de un colador fino y recupere sólo el aceite. Resérvelo.

Montaje

1. Unte el jocoque con ajo en la base de los platos y coloque encima los gajos de calabaza local rostizada y el maíz tatemado con vinagreta de lima. En el centro, ponga los huevos mollet empanizado y encima un poco de cebollín. Decore con las flores, los brotes y un poco de aceite de chaya.

Langosta pochada...

(viene de la página 236)

Procedimiento

Beurre blanc de lima

1. Sofría en 1 cucharada de mantequilla la cebolla y el ajo. Añada el vinagre y el vino blanco y deje que el líquido se reduzca hasta que quede una cuarta parte de la cantidad inicial.
2. Incorpore la crema a la preparación y deje que se reduzca a la mitad. Baje la intensidad del fuego y añada la mantequilla de poco en poco, sin dejar de batir con un batidor globo, para obtener una salsa emulsionada.
3. Extraiga la ralladura de la lima y la mitad del jugo y añádalos a la salsa. Resérvela.

Cebolla de Ixil tatemada

1. Ase en un sartén que tenga tapa las mitades de cebolla de Ixil por el lado plano hasta que queden casi quemadas. Tape el sartén y deje que se cuezan durante 5 minutos. Retírelas del fuego y separe las cebollas en capas.

Montaje

1. Coloque la *beurre blanc* de lima sobre el fuego. Cuando llegue a los 60 °C, poche en ella las colas de langosta por 8 minutos o hasta que estén cocidas.
2. Caliente el puré de calabaza local y el risotto de cebada. Coloque el puré de calabaza en una parte del borde interno de los platos. Ponga en la base de los platos el risotto de cebada y encima las colas de langosta. Sirva con la *beurre blanc* y la cebolla de Ixil tatemada, y decore con flores de ajo, flores comestibles y ralladura de lima al gusto.

Tartaleta de remolacha...

(viene de la página 238)

Procedimiento

Crema ácida con x'catic

1. Tateme el chile x'catic y muélalo en molcajete. Mezcle éste con la crema ácida y la ralladura de limón. Reserve la crema.

Vinagreta de remolacha

1. Extraiga el jugo de la remolacha y mézclelo con el resto de los ingredientes. Reserve la vinagreta.

Mantequilla café de salvia

1. Coloque sobre fuego bajo un sartén con la mantequilla. Cuando empiece a formarse espuma, añada las hojas de salvia. Retire la mantequilla del fuego.

Montaje

1. Mezcle las láminas de remolacha cruda con las hojas de mastuerzo y un poco de la vinagreta de remolacha.

2. Unte el puré de frijol espelón sobre las bases de pasta hojaldre. Una dos círculos en forma de sándwich y encima ponga los trozos de remolacha rostizada y una *quenelle* de crema ácida con x'catic. Distribuya las hojas y tallos de remolacha que reservó, y la mezcla de láminas de remolacha y mastuerzo; bañe con la mantequilla café de salvia. Decore con las hojas de hierbabuena.

Magdalenas de vainilla...

(viene de la página 240)

Procedimiento

3. Cubra una charola para hornear con papel siliconado y extienda en ella el merengue, de forma que quede de 3 milímetros de grosor. Espolvoree un poco de pepita molida encima y hornéelo durante 1½ horas. Apague el horno y deje dentro el merengue durante 3 horas como mínimo. Porcione el merengue en trozos y resérvelos.

Pepita tostada crujiente

1. Precaliente el horno a 170 °C.

2. Cubra una charola para hornear con papel siliconado. Mezcle todos los ingredientes y colóquelos en la charola. Hornee la mezcla durante 10 minutos, revolviéndola a la mitad del tiempo de horneado y al final. Hornee durante 3 minutos más, retírela del horno y déjela enfriar. Separe las pepitas y resérvelas.

Montaje

1. Forme *quenelles* con el sorbete de papaya. Sirva las magdalenas con una *quenelle* de sorbete. Decore con los trozos de merengues con pepita molida, las pepitas tostadas crujientes, las láminas de papaya, la miel de abeja melipona y las flores comestibles.

Mole de hojas tiernas de nogal...

(viene de la página 248)

Procedimiento

4. Licue la preparación hasta que obtenga una preparación muy tersa. Añádale sal al gusto y consérvela caliente.

Puré de membrillo y papa

1. Triture la pulpa de membrillo en un procesador de alimentos.
2. Haga puré las papas con un machacador y mézclelas con la pulpa de membrillo y el resto de los ingredientes. Cocine el puré durante algunos minutos y resérvelo caliente.

Crocantes de tortilla de harina

1. Precaliente el horno a 185 °C.
2. Triture el orégano y mézclelo con la sal.
3. Barnice las tortillas con el huevo y espolvoréeles la sal mezclada con el orégano.
4. Hornee los crocantes hasta que estén tostados.

Chiles piquines en almíbar

1. Introduzca el almíbar y los chiles en un frasco que tenga tapa. Cierre el frasco y resérvelos en refrigeración.

Montaje

1. Coloque sobre el fuego un recipiente grande con el aceite suficiente para freír las piernas de cabrito.

2. Saque las piernas de cabrito de las bolsas; enharínelas, páselas por el huevo batido y cúbralas con las nueces por un solo lado.
3. Cuando el aceite esté caliente, fría en él las piernas de cabrito.
4. Distribuya en platos el puré de membrillo y papa. Coloque en cada uno 1 pierna de cabrito, báñelas con el mole y decore con los crocantes de tortilla de harina, los chiles piquín en almíbar y hojas tiernas de nogal (opcional).

Las hojas del nogal comienzan a brotar unos pocos días antes del inicio de la primavera. Es preferible recolectarlas 45 días después de iniciado el brote.

Seque las hojas frescas de nogal extendiéndolas en charolas y dejándolas a temperatura ambiente, o utilizando sistemas de deshidratación. Una vez secas, guárdelas en recipientes herméticos de vidrio en un lugar de la alacena fresco y seco.

En la fotografía se muestra una pierna de cabrito acompañada sólo con un poco del mole. Pruebe esta adaptación, con menos mole respecto del solicitado en la receta, para variar los sabores en este platillo.

Sopa fría de menta

(viene de la página 278)

Procedimiento

Sorbete de zarzamora

1. Hierva todos los ingredientes hasta que el líquido se reduzca a la mitad. Licue la preparación, cuélela y turbínela en Pacojet®. Introduzca la preparación al congelador y deje que se congele durante 12 horas.
2. Vacíe la preparación en 10 tubos de acetato de 1.5 centímetros de diámetro por 30 centímetros de largo. Meta al congelador los tubos durante un par de horas, córtelos en porciones de 1 centímetro de largo, aparte 30 de éstas para el montaje y reserve el resto para otros usos.

Láminas de pepino impregnado

1. Extraiga del pepino láminas con un pelapapas, evitando las semillas, y mézclelas con el jugo de limón. Espolvoree un poco de la sal en cada lámina, coloque encima de cada una 1 hoja de menta e introdúzcalas en bolsas para empacar al vacío, cerciorándose que las láminas queden extendidas y no se maltraten. Empáquelas al vacío y déjelas reposar durante 2 horas.

Montaje

1. Enrolle las láminas de pepino sobre sí mismas. Colóquelas en un plato con las acederas, las espinacas *baby* y las porciones de sorbetes. Añada el jarabe de menta y decore con los merengues de flor de Jamaica.

Venado con tamal de plátano...

(viene de la página 288)

Procedimiento

Salsa de maíz tatemado

1. Sofría en el aceite la cebolla y el ajo, añádales el maíz tatemado y deje que se cueza bien. Licue la preparación y añádale el fondo de pollo.
2. Funda el *glace* de venado, mézclelo con el molido de maíz e incorpore la mantequilla avellanada. Rectifique la sazón y reserve.

Venado

1. Reduzca a polvo las semillas de cilantro, las pimientas, el comino, el clavo y las semillas de achiote. Mezcle este polvo con el aceite de oliva y el chile x'catic.
2. Espolvoree con sal el filete de venado y cúbralo con la mezcla anterior. Coloque sobre el fuego el resto de los ingredientes y selle en ellos el filete hasta que obtenga el término deseado.

Montaje

1. Corte los tamales en porciones rectangulares. Corte el venado en cubos.
2. Intercale en platos porciones de tamal y de venado. Sirva con la salsa de maíz tatemado y la cebolla curtida. Decore con los brotes y los pétalos.

Glosario

Acitronar Cocinar cebolla o ajo en una grasa, como mantequilla, aceite o manteca, hasta que adquieren un tono traslúcido. Su nombre se debe a que la cebolla adquiere una apariencia similar al acitrón.

Agar-agar Sustancia mucilaginosa extraída de algas. Se utiliza en cocina como espesante, ya que al diluirse en algún líquido caliente y después enfriarse, adquiere la consistencia de una gelatina.

Almíbar TPT Jarabe elaborado a partir de cantidades iguales de azúcar y líquido. TPT hace referencia a la frase "tanto por tanto".

Asiento Nombre que recibe en Oaxaca la grasa espesa y quemada que resulta de la fritura del chicharrón.

Blanquear **1.** Técnica que consiste en sumergir un alimento crudo en agua o caldo hirviendo por un tiempo muy corto, para después enfriarlo en agua con hielo. Se emplea generalmente en alimentos que necesitan un mínimo cocimiento o tendrán una cocción posterior. **2.** Batir vigorosamente una mezcla de yemas de huevo y azúcar con la ayuda de un batidor eléctrico o manual hasta obtener un batido espumoso y casi blanco.

Brunoise Tipo de corte en forma de cubos muy pequeños de aproximadamente 2 milímetros por lado.

Cabuche (*Ferocactus pilosus*) Botón floral comestible de la biznaga. Se recolecta en marzo y abril en San Luis Potosí, Coahuila, Zacatecas, Durango, Tamaulipas y Nuevo León.

Cafetera cona, sifón o de vacío Utensilio que consta de dos recipientes superpuestos que son calentados por una fuente de calor. Por el efecto de éste, el agua situada en la parte inferior asciende, se infusiona con el café que se encuentra en la parte superior, y por vacío, desciende a un recipiente, dejando los restos en el recipiente superior.

Calabaza de buche Variedad de calabaza redonda con cuello largo y curveado. Su cáscara es de color verde jaspeado y su carne de color amarillo claro y suave. Se consume principalmente en Sinaloa y estados aledaños, ya sea hervida o frita. También se le conoce como calabaza buchona.

Calabaza estrella Véase Calabaza pattypan.

Calabaza mantequilla Variedad de calabaza naranja en forma de pera, con carne de textura cremosa que asemeja a la mantequilla. Su peso oscila entre los 900 gramos y 1.4 kilogramos. También se le conoce como calabaza *butternut.*

Calabaza pattypan Variedad de calabaza redonda y achatada con borde dentado y ovalado. Su piel puede ser de tonos blancos, naranjas o verdes, y su carne es blanca con un sabor ligeramente dulce. Se produce en lugares cálidos en época de verano.

Carragenina iota Aditivo alimentario extraído de algas rojas que se usa para espesar y sustituir la materia grasa. En la industria alimentaria se utiliza en productos lácteos, productos de panificación y cárnicos.

Chicharrón de aldilla Parte trasera de la barriga de cerdo oreada, frita y de textura crujiente.

Chiffonade Técnica de corte que se utiliza para obtener tiras largas y muy delgadas de las hojas de vegetales.

Chile shishito Variedad de chile japonés que oscila entre los 5 y 10 centímetros de largo. Su sabor es suave y de una pungencia ligera, aunque uno de cada cierta cantidad suele ser muy picante. Frescos se pueden encontrar en colores verde y rojo.

Crema inglesa Preparación básica de la pastelería que consiste en una salsa ligeramente espesa, compuesta de crema para batir, huevos, azúcar y vainilla. Es ideal para acompañar frutas, bizcochos o merengues.

Desglasar Disolver con la ayuda de algún líquido, como caldo, vino o agua, los restos acumulados de un recipiente que ha servido para dorar, saltear, sellar u hornear alguna preparación, con el fin de obtener un jugo o una salsa. Esta acción se realiza con una pala y sobre el fuego.

Escaldar Sumergir un alimento en agua hirviendo con el fin de endurecer sus tejidos, eliminar las impurezas de la superficie, facilitar el pelado, aflojar sus fibras o eliminar ciertos sabores.

Escalfar Cocer un alimento sumergiéndolo por completo en un líquido caliente sin que llegue a hervir.

Espumar Retirar la espuma e impurezas que se forman en la superficie de un líquido o de alguna preparación al momento de su cocción con una espumadera, un cucharón pequeño o una cuchara.

Fondo de res Caldo elaborado con huesos de res y verduras horneados previamente, además de ingredientes aromáticos, utilizado para elaborar diversas preparaciones, como salsas, sopas, caldos, entre otras. El tiempo de horneado y cocción varía de acuerdo con la concentración de sabores finales que se deseen obtener; los dos tipos de fondo básicos son claro y oscuro.

Fumet Caldo elaborado con peces, mariscos, crustáceos u hongos, además de ingredientes aromáticos, utilizado para elaborar diversas preparaciones, como salsas, sopas, caldos, entre otras.

Garrafa Término que hace referencia a la técnica utilizada en la elaboración del helado o nieve de garrafa. Ésta consiste en girar vigorosamente un cilindro de acero inoxidable, el cual contiene la preparación base para el helado o nieve, dentro de otro recipiente o barrica con hielos y sal, hasta que la preparación se congela.

Glace Preparación de la cocina clásica francesa obtenida mediante la reducción prolongada de un fondo oscuro. Se utiliza como base para otras preparaciones o para cubrir ciertas carnes o vegetales.

Iota Véase Carragenina iota.

Juliana   Tipo de corte en forma de bastoncillos de entre 1 y 2 milílitros de grosor, y de 3 a 5 centímetros de longitud.

Kibi   Preparación de origen libanés en forma de albóndiga elaborada con trigo y carne molida. Se encuentra principalmente como antojito en la península de Yucatán y en Campeche. También se le conoce como kibe o kivi.

Maltodextrina   Aditivo alimentario utilizado para cristalizar o secar los alimentos, que cuando se mezcla con un líquido funciona como un espesante. Es ideal para los postres porque no añade ningún sabor dulce.

Mantequilla avellana o mantequilla avellanada   Nombre que se da a la mantequilla calentada en un sartén hasta que adquiere un color similar al de avellana.

Máquina para helados o turbinadora   Aparato eléctrico que sirve para elaborar helados y/o sorbetes.

Mirepoix   Mezcla de verduras picadas y hierbas aromáticas que se utiliza como base de algunos platillos para reforzar su sabor. Los ingredientes básicos son cebolla, zanahoria y apio.

Montar   Batir con un batidor eléctrico o manual claras, crema para batir o alguna preparación que tenga la propiedad de integrar aire en su interior, hasta que su volumen aumenta y su consistencia se vuelve aireada.

Mucílago   Sustancia viscosa presente en algunos vegetales y semillas, como la chía y el nopal.

Nibs   Pequeños trozos de semilla de cacao tostada sin cascarilla.

Nixtamalizar   Técnica aplicada tradicionalmente al maíz con el objetivo de cambiar sus propiedades organolépticas de textura, consistencia y contenido nutrimental. Consiste en hervir el maíz en agua con alguna sustancia alcalina, como cal o ceniza, dejarlo reposar en ella y enjuagarlo con agua para retirarle el hollejo o cascarilla. Después de este proceso se puede moler para convertirlo en masa.

Pacojet®   Procesador de alimentos utilizado para obtener preparaciones frías o congeladas, con una consistencia fina y cremosa. Es ideal para realizar helados y sorbetes.

Parrillar   Método de cocción que consiste en exponer un alimento al calor directo de brasas de carbón, madera o leña, generalmente sobre una parrilla metálica.

Pochar   Cocer alimentos en un líquido más o menos abundante, conservando una ebullición muy ligera y constante.

Puzcua   En Michoacán, maíz asado y molido.

Quenelle   Presentación en forma de huso de una guarnición de consistencia cremosa, como helados, purés o cremas. Se realiza con la ayuda de dos cucharas: con la primera se toma la porción y con la segunda se le da la forma. También se le conoce como quenefa.

Runner   Véase Termocirculador o *runner*.

Sachet   Envoltorio en forma de saco elaborado con un trozo de estameña en el cual se introducen hierbas y condimentos. Su función es aportar sabores y aromas, con la ventaja de poder retirarlos fácilmente cuando hayan cumplido su objetivo.

Saltear   Método de cocción a fuego alto en un sartén con una pequeña cantidad de grasa. Los ingredientes que se saltean siempre deben ser pequeños, para que su cocción sea rápida y uniforme.

Sellar   Técnica que consiste en cocer la superficie de un alimento, principalmente carnes rojas y aves. Se coloca a fuego alto un sartén con alguna grasa, y posteriormente se añade el alimento hasta dorarlo por todos sus lados.

Sous-vide   Método de cocción que consiste en introducir una preparación en una bolsa de plástico, que posteriormente se sella al vacío, para cocerla en un líquido a una temperatura controlada. Es muy apreciado debido a que los alimentos resultan con características de sabor, consistencia y textura que no se obtienen mediante el hervido tradicional.

Sudar   Cocer un alimento a fuego bajo, tapado, con muy poca materia grasa y líquido.

Superbag   Utensilio de cocina que consiste en una bolsa hecha de tela porosa y flexible resistente al calor. Se utiliza para colar todo tipo de preparaciones debido a sus diferentes grados de filtración.

Suprema   Técnica de corte para obtener los gajos de diferentes cítricos.

Tatemar   Técnica de cocción que consiste en colocar los alimentos en las brasas, rescoldos o algún utensilio de cocina, como sartén o comal, para que se asen o cuezan parcialmente. Un sinónimo de esta técnica es asar. En ocasiones, los alimentos se dejan quemar por fuera, parcial o totalmente.

Temperar   1. Acción en la que se mezclan dos preparaciones a temperaturas distintas para que se igualen. 2. Proceso controlado de fundición del chocolate que propicia una adecuada cristalización de la manteca de cacao; con él se obtiene un chocolate brillante, crujiente y liso. También se le conoce como templar.

Termocirculador o *runner*   Aparato que consiste en una resistencia eléctrica puesta sobre un contenedor, en el que se mantiene un líquido con agitación constante y temperatura constante; esta última, generalmente por debajo del punto de ebullición. Se utiliza usualmente para cocinar alimentos empacados al vacío. Véase *Sous-vide*.

Thermomix®   Máquina de cocina multifuncional con la que se pueden realizar diferentes procesos culinarios, como cortar, amasar, mezclar o cocer en líquido o al vapor.

Tlalitos   Diminutos pedazos de carne de cerdo con grasa, muy dorados. También se les conoce como asientos de chicharrón.

Totomoxtle   Hojas secas de maíz. Generalmente se emplean en la preparación de tamales.

Trampar   Acción de sumergir cualquier ingrediente, generalmente trufas, en chocolate temperado.

Turbinar   Procesar en frío una preparación en una máquina para helados, un Pacojet® o una turbinadora, hasta lograr una consistencia sólida y cremosa.

Ultra-Tex®   Aditivo alimentario que se obtiene de la modificación del almidón de tapioca. Se utiliza como espesante y estabilizante en salsas, aderezos o cremas.

Índice de recetas

Aguachile de jitomates — 70

Antojo de mercado — 164

Atapakua de chilacayote — 160

Ayocotes con lechón — 136

Betabel y yogur — 72

Cajeta de frijol con molotes de plátano — 216

Calabacitas criollas, chayote, semilla de girasol y queso panela de cabra — 108

Calabacitas rellenas — 38

Calabaza de Castilla y caviar vegetal — 74

Calabazas en texturas — 286

Carpaccio de calabaza de buche de la costa nayarita, esquites de elote de Jala, pepitas de calabaza y aderezo de chile de árbol — 58

Ceviche de carne seca con cabuches y chicharrón de aldilla — 246

Ceviche de nopal — 194

Ceviche de pescado con miltomate, chile serrano, cilantro y albahaca — 56

Chalupas de tuétano con salsa verde de verdolagas y queso huasteco — 34

Chayote blanco cocinado en mantequilla tostada sobre consomé de hongos — 122

Chilacayote con pipianes — 214

Chilacayotes en mole de la casa — 200

Chilaquiles de maíces criollos tlaxcaltecas y codorniz al mojo de ajo — 100

Chiltamal de chile ancho — 226

Chirmol con short rib — 88

Coachala tostada — 124

Cochinito de pinole, piña y piloncillo — 114

Conejo en ciguamut — 212

Crema de chile poblano con elote, camarón y queso seco de la Sierra del Nayar — 60

Croquetas de chapulines y mayonesa de chile serrano con chapulines — 32

Croquetas de huauzontles — 270

El huevo que quiso ser panucho — 174

Enchiladas de conejo emborrachadas con pulque — 50

Ensalada de berros — 258

Ensalada de calabacitas con sikil-pak y néctar de calabaza — 120

Ensalada de calabacitas, nopales y quelites — 186

Ensalada de chayote — 86

Ensalada de chayote y mango Ataúlfo — 210

Ensalada de la milpa — 150

Ensalada de maíz — 158

Ensalada de nopales curados — 274

Ensalada de quelites y flores — 220

Ensalada de verdolagas con tlalitos — 134

Escolar con puré de calabaza, chile meco y piña — 196

Espesado de chepil — 260

Espuma de maíz cacahuacintle con fruta criolla y garapiñado de piñón — 102

Estofado de caracoles y chorizo seco con jugo asado y amaranto ahumado — 126

Flan de flor de calabaza — 228

Frambuesa, aguacate, vinagre y hoja santa — 68

Gordita de huitlacoche, alverjón, salsa de tuna verde, chipotle, epazote y queso fresco — 44

Gorditas de huitlacoche — 182

Gorditas de la abuela con maíz rosa — 144

Gorditas de requesón, jaiba y ayocotes — 98

Helado de pinole — 190

Huauzontles con salsa de jitomate y queso de cuadro — 198

Huevito ahumado + salsa de habanero + cebolla quemada + chaya — 172

Huevo mollet empanizado con longaniza de Valladolid, maíz tatemado con vinagreta de lima, calabaza local rostizada, jocoque con ajo y aceite de chaya — 234

Kibis de vegetales — 282

Langosta pochada en beurre blanc de lima, risotto de cebada con queso parmesano, puré de calabaza local y flor de ajo — 236

Lengua de res encacahuatada — 276

Magdalenas de vainilla, sorbete de papaya y miel de abeja melipona, merengues y pepita — 240

Mango con chocolate — 202

Memelitas — 262

Mextlapique de trucha salmonada — 148

Milhojas de jícama con quelites de lluvia y vinagreta de tortilla quemada — 96

Mole de hojas tiernas de nogal, cabrito sous-vide, costra de nuez, puré de membrillo y papa, chiles piquines en almíbar y crocante de tortilla de harina — 248

Necuatole, calabaza de Castilla, tequesquite, naranja, piloncillo, amaranto, helado de crema ácida y sal de pepita — 52

Nicuatole — 266

Nopalitos fritos y crujientes para tacos — 244

Pasto de trigo y queso de cabra — 76

Pescado al sartén, frijoles criollos, ayocotes, lentejas, garbanzos y quelites — 110

Pescado en salsa de jitomate asado con cacahuate y arroz con esquites tiernos con epazote — 62

Pipián de chaya — 176

Plátano, maracuyá y cacao en una canción — 90

Polenta, huitlacoche, elote joven y queso Cotija — 112

Pollo marinado con pipián de milpa — 224

Postre de la ofrenda — 152

Pozol + coco — 178

Puchero de frijol — 188

Sopa de alcachofa, corazones y tallos de alcachofa, huevo de codorniz, pistache, guías de calabaza y nopalitos — 48

Sopa de frijol en caldillo de ayocotes — 146

Sopa de jitomate con croquetas de huauzontle y herbolaria del Valle de Tlaxcala — 94

Sopa de maíz cacahuacintle — 184

Sopa de milpa — 170

Sopa fría de menta — 278

Sope de jaiba y frijoles refritos — 82

Taco de charal para compartir — 156

Taco de sashimi — 284

Tamal de azafrán — 208

Tamal de coco — 290

Tamal de elote y macadamia con crema de rompope — 140

Tamal de maíz tierno con crema de rancho, queso salado y dulce de flores — 128

Tamalitos de hongos de temporada — 106

Tartaleta de remolacha multicolores, puré de frijol espelón, crema ácida con x'catic y mantequilla café de salvia — 238

Tártara de aguacate criollo con frijoles y chapulines — 222

Tejocotes en almíbar, crema de queso de cabra y reducción de vino tinto de San Juan de la Vaquería — 252

Tlacoyo de masa azul con frijol y short rib, espeso de mole de olla, cremoso de calabaza y puré de esquites — 36

Tlacoyos de alverjón con cecina y salsa borracha — 132

Tortitas de huauzontle y flor de calabaza — 138

Tostada de chaya, puré de ibes, pulpo marinado en achiote, naranja agria, rábanos curtidos y cilantro — 232

Tostadas de salpicón de conejo adobado — 272

Tostaditas de coco en distintas maduraciones — 84

Trucha arcoíris con mole verde de quelites estilo Zitácuaro — 162

Variaciones sobre un mismo tema: maíz — 64

Venado con tamal de plátano macho — 288

Venado en costra de chiles secos, ensaladita tibia de frijol y nopales con aceite de oliva de Tulyehualco — 46

Verdolagas, queso panela a la parrilla, jitomate cherry y cebolla morada — 250

Volcán de pinole con polvo de gordita de nata y helado de requesón — 40

Xhnis giiñ — 264